# 인간의 본성
# 및
# 자연의 진리에 대하여

황 태연 지음

비홍출판사

# 차례

# 제1장

## 인간의 본성 및 자연의 진리

[1] 인간은, 자기의 능력이 미치는 한, 어떻게든 자기를 보존하고 더욱 활성화하며 자기의 활성화상태를 향수하기 위해 노력한다.

[2] 인간은 자기의 활성화상태를 사랑하고 소중히 여기며, 자기를 보존하는 것, 자기를 더욱 활성화하는 것, 그리고 자기의 활성화상태를 향수하는 것에 마음이 쏠려 있다.

[3] 인간은 일정 수준 이상의 자기의 활성화상태를 유지하지 못하면 자기를 보존할 수 없다.

[4] 인간은 자기의 나쁜 상태나 위축상태에서 한층 적은 정신기능을 발휘하며, 자기의 나쁜 상태나 위축상태를, 스스로 의식하는 한, 싫어한다. 또한 자기의 나쁜 상태나 위축상태를 즐길 수 있는 사람은 아무도 없다.

[5] 따라서 인간은, 자기의 능력이 미치는 한, 어떻게든 자기의 나쁜 상태나 위축상태에서 벗어나기 위해

노력한다. 왜냐하면 인간은 일정 수준 이상의 자기의 활성화상태를 유지하지 못하면 자기를 보존할 수 없기 때문이다.

[6] 그러므로 인간이 자기의 나쁜 상태나 위축상태에서 어떻게든 벗어나기 위한 노력 및 자기를 더욱 활성화하며 자기의 활성화상태를 향수하기 위한 노력을 중단하였을 때, 그의 자기보존의 노력도 중단된다.

[7] 인간은, 자기의 능력이 미치는 한, 어떻게든 자기의 나쁜 상태나 위축상태에서 벗어나고자 하고 자기를 더욱 활성화하며 자기의 활성화상태를 향수하기 위해 노력하므로, 그러한 과정에서 그가 발휘하는 능력이나 동원하는 방법은 그의 본성 및 인간성을 구성하는 핵심이다.

[8] 인간은 자기의 능력이 미치는 한에 있어서 뿐만 아니라 타인의 영향 또는 도움을 받아서도 자기의 나쁜 상태나 위축상태에서 벗어날 수 있고 자기를 더욱 활성화하며 자기의 활성화상태를 향수할 수 있다.

[9] 인간 정신의 관념이 자연의 법칙 및 질서, 실제의 현상, 사건, 작용, 변화에 더욱 많이 일치할수록, 인간의 정신은 더욱 완전하다.

[10] 인간의 정신이 더욱 활성화될수록 그 정신의 활동성은 한층 증가하고 강화되며, 동시에 자신의 가치에 대한 긍정이 더욱 뚜렷해지고 강해진다.

[11] 따라서 사랑이란 어떤 원인(자극, 물질, 물체, 대상, 상황 등)에 의해 인간의 정신이 더욱 활성화되어 활동성이 증가하고, 동시에 자신의 가치에 대한 긍정이 더욱 뚜렷해지고 강해짐에 따라 그 상태의 원인으로서의 대상을 긍정적으로 여기고 어떻게든 그것과 결합하거나 그것을 향수하기 위해 애쓰는 것이다.

[12] 인간의 정신이 더 많이 위축될수록 그 정신의 활동성은 더욱 감소하고 약화되며, 동시에 자신의 가치에 대한 긍정이 더욱 희미해지고 미약해져서, 심해지면 자신의 가치를 부정하고 그에 따라 자신을 파괴할 수도 있다.

[13] 그러므로 미움이나 혐오란 어떤 원인에 의해 인간의 정신이 위축되어 활동성이 감소하고 약화되며, 동시에 자신의 가치에 대한 긍정이 희미해지고 미약해지도록 작용을 받으므로, 이에 대한 반발 또는 반작용으로서 그 상태의 원인으로서의 대상을 나쁘게 여기며 어떻게든 그것을 멀리하거나 제거하기 위해 애쓰는 것이다.

[14] 인간은 자기의 정신을 더욱 활성화하는 것을 사랑하고, 또 자기의 능력이 미치는 한 어떻게든 자기를 더욱 활성화하기 위해 노력하므로, 인간은 자기의 정신을 더욱 활성화하는 원인으로서의 대상 또는 상황을, 이것으로 인하여 자기가 더욱 활성화되는 정도에 비례하여, 그만큼 뚜렷하게 표상하고 동시에 소중히 여긴다.

[15] 인간은 자기의 능력이 미치는 한 어떻게든 자기의 활성화상태를 실현하여 그것을 향수하고자 한다.

[16] 정신은, 자기의 능력이 미치는 한, 자기의 활성화상태를 반복하거나 유지하거나 더욱 강화하기 위해 노력한다.

[17] 인간은 자기의 사랑하는 대상 또는 상황을 소중히 여기므로 그것을 더 오래 유지하기 위해 노력한다.

[18] 인간의 정신은 여러 가지 능력들 및 작용들의 결합으로 이루어져 있다.

[19] 인간의 정신이 더욱 활성화되었을 때, 인간은 기쁨, 쾌감, 희열, 만족, 행복감 등을 느끼며, 자기 나름

의 보다 좋은 상태를 향수한다.

[20] 인간의 정신이 저해되거나 위축되었을 때, 인간은 분노, 슬픔, 고통, 우울, 두려움, 불안 등을 느끼며, 자기 나름의 나쁜 상태를 경험하고 그 상태에서 어떻게든 벗어나기 위해 노력한다.

[21] 인간은 자기의 활성화상태를 달성하기 위해 노력하며, 그 활성화상태를 반복하거나 유지하거나 더욱 강화하고자 하므로, 반복적으로 또는 지속적으로 보다 강하게 활성화되는 정신의 능력은 반복적이거나 지속적이고 보다 강한 노력을 초래한다. 그리고 그에 따라 그러한 정신의 능력은 점차로 발전하고 강화되도록 결정된다.

[22] 대결의식이란 상대적으로 유리한 상황(거래, 관계, 계약 등)과 그에 따르는 자기의 활성화상태를 향수하려는 마음의 노력이다. 야욕이란 일방적으로 유리한 상황(거래, 관계, 계약 등)과 그에 따르는 자기의 과도한 활성화상태를 향수하려는 마음의 노력이다. 착취, 강압, 사취, 강탈, 무고한 사람들에 대한 살상, 강간, 절도 등이 야욕의 실행에 해당된다. 그것들은 상대방의 권리와 이익과 존엄성을 부정하고 오로지 자신의 이익과 쾌감만을 중요하게 여기는 마음의 표현이며 그것들을 실현하여 경험하는 것에 대한 인

간의 집착, 환장, 광기이다. 살인마, 조직폭력배, 독재자와 그를 추종하는 자들, 도박꾼, 사기꾼, 마피아 등이 대표적으로 야욕을 실천하는 사람들이지만 사실은 종종 볼 수 있는 것이 야욕의 실행이다. 살상과 파괴, 강탈을 위해 전쟁을 일으키고 그것에 열광해 있는 자들도 야욕에 빠져 있는 상태다. 거래를 하면서 자기의 이익을 최대로 하기 위해 상대방에게 일방적인 손해를 강요하는 자, 관계나 계약을 맺으면서 상대를 속이고 폭력이나 강압으로 일방적으로 불리한 입장이 되도록 몰아붙이는 자도 야욕을 실현하고 있는 중이다. 대결의식이 지나치면 반드시 야욕이 되고 모든 인간이 대결의식을 갖고 있으므로 누구나 과도한 대결의식, 즉 야욕에 빠져들 수 있음이 확실하다. 그러나 야욕은 비이성적인 욕심이지 이성적 욕망은 아니다. 따라서 인간이 비이성적인 한에 있어서 야욕에 사로잡히는 것이지 인간이 이성적인 한에 있어서 그러한 것은 아니다. 그러므로 비이성적인 인간의 욕심이 지나치지 않도록 억제되어야 할 이성적 필요가 성립한다.

[23] 인간의 정신이 보다 좋은 상태를 상상하거나 향수하고 있을 때, 그 상상이나 기쁨이 더욱 뚜렷하고 풍부할수록 정신은 더욱 활성화된다. 그런데 정신은 자기의 능력이 미치는 한 어떻게든 자기를 더욱 활성화하고자 하므로, 인간의 정신은 보다 좋은 상태를

더욱 뚜렷하고 풍부하게 상상하거나 향수하고자 가능한 한 노력한다.

[24] 인간의 정신이 보다 좋은 상태를 상상하거나 향수하기 위한 노력을 저지당하고 방해받았을 때 그 정신은 위축되거나 나쁜 상태가 된다. 왜냐하면 보다 좋은 상태에 대한 상상이나 지각이 미약해지거나 소멸하며, 그에 따라 기쁨이 작아지거나 슬픔 또는 고통으로 변화하기 때문이다. 그러므로 정신은 자기를 위축시키거나 자기로 하여금 나쁜 상태를 상상하거나 경험하게 만든 원인이나 대상을 멀리하거나 제압하거나 제거하려 한다.

[25] 보다 좋은 상태에 있는 인간의 정신이 나쁜 상태를 상상하면, 그 정신은 어느 정도 위축되거나 나쁜 상태가 된다.

[26] 상대적으로 유리한 상황을 반복적으로 또는 지속적으로 향수하는 사람은 그러한 경험의 누적으로 인해 대결의식(우월의식)이 더욱 활성화되거나 강화된다.

[27] 일방적으로 유리한 상황을 반복적으로 또는 지속적으로 향수하는 사람은 그러한 경험의 누적으로 인해 야욕이 활성화된다. 일방적으로 불리한 상황을

반복적으로 또는 지속적으로 경험하는 사람은 자기를 보존하고 더욱 활성화하며 자기의 활성화상태를 향수하기 위한 노력을 저해 받으며 그에 수반되는 위축과 고통을 겪는다.

[28] 나쁜 상태에 처한 정신은 보다 좋은 상태를 더욱 뚜렷하게 상상하기 위해 노력하며, 그 상상이 자기를 더욱 활성화할 때에는 그 상상을 반복하거나 지속하기 위해 노력한다.

[29] 정신은, 정상적으로 활동하는 한, 자기를 보존하고 더욱 활성화하며 자기의 활성화상태를 향수하기 위한 노력을 중단하지 않고 지속한다.

[30] 정신이 자기의 나쁜 상태 또는 위축상태를 스스로 의식한 것은 분노 또는 슬픔이고, 자기의 활성화상태 또는 보다 좋은 상태를 스스로 의식한 것은 기쁨 또는 괘감이며, 어떻게든 자기를 보존하고 더욱 활성화하며 자기의 활성화상태를 향수하기 위해 노력하는 것은 욕망이다. 인간은 인식의 완전성이 충분할 때에는 이성적으로, 그렇지 못할 때에는 비이성적으로 자기를 보존하고 더욱 활성화하여 자기의 활성화상태를 향수하기 위해 노력한다.

[31] 감정이란 정신이 자기를 보존하고 더욱 활성화

하며 자기의 활성화상태를 향수하기 위한 노력이나 활동을 하는 동안 그 노력이나 활동이 어떤 원인에 의해 저해되거나 활성화되는 상태를 정신이 스스로 의식한 것이다.

[32] 1. 감정과 욕망의 발생.
정신(뇌)이 어떤 원인에 의해 자극받아 활성화상태(또는 좋은 상태)가 되거나 위축상태(또는 나쁜 상태)가 되고, 이것이 그 원인의 표상이나 관념과 연결되어 함께 정신(뇌)에 새겨지면 감정이 된다. 또 이 감정이 본성적인 마음의 노력(즉 자기를 보존하고 더욱 활성화하며 자기의 활성화상태를 향수하기 위한 노력)을 수반하면 욕망이 된다. 이 감정과 욕망은 다른 표상들이나 관념들과 연결되고 연합됨으로 인하여 더욱 구체화된다(현실적 자아를 형성한다).
2. 표상과 관념의 발생.
인간이 감각기관을 통하여 외부의 사물들을 지각함에 따라, 뇌에는 표상들이 생기고 기억된 여러 표상들이 연결되고 연합되면 관념이 된다.

[33] 인간의 본성(자아)을 구성하는 주요 요소들.
지성, 자기애, 물욕, 탐욕, 권력욕, 자존심, 대결의식(우월의식에 대한 욕구), 야욕, 명예욕(또는 허영심), 성욕, 식욕(미식욕) 등이 인간의 본성을 구성하는 주요 요소들이다. 이것들은 서로 연결되고 연합된 채로

인간의 본성을 구성하여 인간을 생존하게 하고 노력하게 한다. 그러나 각 인간의 본성을 구성하는 주요 요소들은 서로 같지 않을 수가 있다. 왜냐하면 각자의 본성을 구성하는 주요 요소들이 정신의 내부에서 각각 어느 정도의 비율을 차지하고 있는가에 따라 각자의 본성의 특성이 달라질 것이기 때문이다. 말하자면, 심히 탐욕스러운 사람은 탐욕이 그의 정신의 내부에서 비교적 큰 부분을 차지할 것이고, 야심적인 사람은 명예욕이나 권력욕이, 오만한 사람은 우월의식이나 야욕이, 성행위에 집착하는 사람은 성욕이, 냉철한 사람은 주로 지성이 그러할 것이다.

[34] 지성은 사물을 정확히 인식하고 판단하기 위한 정신의 노력이고 능력이다. 자기애는 자기를 지키고 자기의 가치를 높이고 싶은 마음에서 생기는, 자기에 대한 사랑이며, 물욕은 재물을 소유하고 싶어 하는 마음이며, 탐욕은 무제한의 물욕이다. 권력욕은 타인들을 지배하려는 욕망이며, 야욕은 타인들을 짓밟고 자기를 과도하게 고양시키려는 비이성적 욕망이다. 자존심은 자기의 가치나 존엄성을 지키려는 마음이고, 우월의식에 대한 욕구(대결의식)는 자기가 남들보다 우월하다는 생각을 보유하고 싶어 하는 비이성적 마음이다. 명예욕은 명예를 얻으려는 욕망이고, 허영심은 허영이라도 얻어 누려보려는 욕심이다. 성욕이란 성행위를 하고 싶어 하는 마음이다. 미식욕이란

맛있는 음식을 먹고 싶어 하는 마음이다.

[35] 인간의 감정과 욕망이 강렬해지는 이유

인간의 본성을 구성하는 주요 요소로서의 여러 감정들은 일차적으로는 어느 정도의 인간적 필요에 의하여 발생했다. 말하자면 인간에게는 자기의 존엄과 자유를 지키는 것, 자기의 신체를 건강하게 유지하는 것, 음식과 물을 섭취하는 것, 자손을 가지는 것, 자기의 안전과 활기를 유지하는 것 등이 필요했다. 그러나 인간이 이러한 필요들을 충분히 충족시키는 것이 실제로는 어려운 일이었으므로, 그 필요들을 더 많이 충족시키기 위해 각자가 어떻게든 자기의 능력을 키우고 발휘하는 중에 경쟁과 인식부족(비이성적 정신상태)으로 인해 필요 이상으로(즉 지나치게) 감정과 욕망이 강렬해지게 되었다.

[36] 한 사람이 자기의 감정을 제어할 수 없다면, 이는 그 감정이 그 사람의 본성과 크게 일치하기 때문이다. 또한 감정이 일정하게 결정된 질서에 맞추어 정신을 지배하고 인도하는 동안, 정신은 그 질서에서 벗어나지 못한 까닭에 감정에 구속된다. 즉 정신을 지배하는 감정과 인간의 본성이 크게 일치하고 그 감정의 작용이 강력한 것으로서 정신의 대부분을 장악하는 동안, 그 정신은 자기의 다른 능력에 의해 제어되지 않는다. 예를 들어, 한 사람이 자기의 탐욕을

제어할 수 없는 동안, 그의 탐욕이 강렬하게 활성화되면 동시에 그의 자기애, 지배욕, 자존심, 우월의식, 명예욕, 성욕, 미식욕 등도 함께 활성화된다. 이것은 인간본성의 대부분이 활성화되는 것이다. 따라서 이것은 자기를 보존하고 더욱 활성화하며 자기의 활성화상태를 향수하기 위해 노력하는 인간의 본성과 크게 일치하게 된다. 다른 방식으로 설명하면, 인간이 자기의 탐욕을 충족시키게 되면(즉 필요 이상으로 많은 재물을 소유하게 되면), 동시에 그는 자기를 어느 정도 소중한 존재로 여길 수 있고, 재물의 힘으로 가능한 만큼의 권력을 가질 수 있고 자존심을 세울 수도 있고, 재물의 힘에 근거하여 우월의식(또는 우월적 지위)을 가질 수 있고 어느 정도의 명예를 얻을 수도 있으며, 좀더 용이하게 성욕을 충족시킬 수 있고 맛있는 음식을 먹으면서 희열을 느낄 수도 있다. 이처럼 광범위한 자기의 활성화상태를 향수할 수 있는 인간의 정신 안에는 자기의 탐욕을 제어하고자 하는 욕구나 그것을 제어할 필요 자체가 자연적으로 거의 성립하지 않으므로, 그것을 제어하는 것은 대부분 외부의 작용력이다. 이것은 과도한 권력욕과 명예욕에도 비슷하게 적용될 수 있다.

그러나 우리는 인간본성의 한 부분인 지성의 정당한 역할에 대해서도 잘 알아야 할 필요가 있다. 왜냐하면 인간 본성의 핵심적 부분으로서의 지성이 어떻게 얼마만큼 기능해 주느냐에 따라 인간은 자기의 본성적 필요를 정확히 충족시킬 수도 있고 그렇지 못할 수도 있기 때문이다. 그래서 현명한 사람들은 지성을 강화하고 완전하게 하기 위해 많은 노력을 하였는데, 더욱 강력해지고 완전해진 지성이 인간을 위해 한 것들은 기록과 물건으로 남아 나중의 사람들에게 지식과 지혜와 유용성을 선사했다. 어쨌든 우리는 충분히 강력하고 완전한 지성이나 이성을 갖추고 그것의 힘을 써야만 감정을 제어하고 이성적으로 자기의 인간적 욕구나 필요를 충족시킬 수가 있다.

[37] 인간의 본성, 노력, 행동은 자연의 법칙과 질서에 의해 결정되고 지배된다. 자연의 법칙과 질서가 허용하는 범위 내에서만 인간의 신체 및 정신의 활동, 발전, 변화가 이루어진다.

[38] 인간은 자기를 더욱 활성화한 사물(대상, 물질, 물체, 상황)에 대한 사랑, 집착, 환장을 소멸시킬 수 있다. 자신이 사랑하여 집착, 환장하고 있는 대상, 물질, 물체, 상황이 필연적으로 자기의 정신과 신체를 위축시키거나 손상시키는 원인이 된다는 것을 명확히 이해했을 때, 즉 자기의 슬픔, 고통, 괴로움의 필연적 원인이 된다는 것을 명확히 이해했을 경우에 사랑, 집착, 환장의 대상은 더 이상 그것들의 지위를 유지하지 못한다. 또한 어떤 대상을 사랑함에 따르는 그 대상의 가치에 대한 긍정이 부정으로 변하므로

결합 및 향수의 대상이 기피 또는 혐오 혹은 제거의 대상이 된다. 이 경우의 대상은 존중 및 애착의 대상에서 경멸과 미움의 대상으로 변할 수도 있다.

[39] 정신이 활성화상태에 있을 때 정신의 활동이 양적으로 증가한다. 또 정신이 활성화상태를 경험하고 향수할 때 정신의 상상 및 사유 활동이 활발해지며, 특히 정신자신을 활성화한 사물(대상, 물체, 자극, 상황, 물질 등)을 더욱 많이 상상하고 사유하기 위해 노력한다. 왜냐하면 정신은 어떻게든 자기를 더욱 활성화하기 위해 노력하기 때문이다. 또한 정신은 자기의 활성화상태를 반복하거나 지속하거나 강화하고자 하므로, 자기를 활성화한 사물을 반복해서 또는 지속적으로 더욱 뚜렷하게 상상하고 사유하기 위해 노력한다.

[40] 정신이 더 강렬하게 활성화될수록 정신의 활동은 더 활발해진다. 그러므로 정신이 더욱 강렬히 활성화될수록 정신의 상상 및 사유의 활동이 증가하고 자기를 활성화한 사물을 뚜렷하게 지속적으로 상상하고 사유하기 위한 노력(즉 정신자신을 활성화하기 위한 노력)도 더욱 활성화된다. 따라서 한 인간의 정신이 최대로 격렬하게 활성화되었을 때 그 정신은 최대로 격렬한 상상력과 사고력으로써 자기 나름의 가장 좋은 상황을 상상하고 사유한다. 그러나 이 상상과 생각이 진실에 일치하는 것은 보장되지 않는다.

그것들은 허구적일 수가 있다.

[41] 정신이 심하게 위축될수록 정신의 활동이 양적으로 더 많이 감소한다. 또한 정신은 슬픔, 두려움, 괴로움, 불안 등을 경험하며 상상과 사유활동이 약화된다. 동시에 정신자신을 위축시킨 사물(대상, 물질, 자극, 물체, 상황)을 더 많이 상상하고 사유하도록 결정되거나, 더욱 나쁜 상황을 상상하거나, 자기를 활성화한 사물의 상실이나 소멸을 상상하고 사유한다. 이때 정신은 자기를 위축시킨 사물을 멀리하거나 제압하거나 제거하고자 하며, 보다 좋은 상황을 상상하기 위해 노력하며, 자기를 활성화하는 사물을 회복시키고자 하고 그것과 결합하고자 하고 더욱 뚜렷이 상상하기 위해 노력한다.

[42] 인간의 비이성적 감정과 욕망.
인간은 비이성적인 상태에서도 자기를 보존하고 더욱 활성화하며 자기의 활성화상태를 향수하기 위해 노력한다. 그런데 비이성적인 인간의 감정과 욕망은 이성적인 인간의 감정 및 욕망과 큰 차이를 가진다. 이성적인 사람은 이성에 근거하여 자기의 여러 감정들과 욕망들을 인식하고 적절히 통제할 수가 있지만, 비이성적인 사람은 자기의 감정들과 욕망들을 정확히 인식하지 못하고 그것들에 대해 충분한 통제력을 작용시킬 수가 없다. 그러므로 비이성적인 상태를 지

속하는 사람은 비이성적으로 자기를 보존하고 더욱 활성화하며 자기의 활성화상태를 향수하기 위한 노력을 반복하거나 지속하는 처지를 벗어나지 못한다. 그런 사람들이 주로 가지는 감정들과 욕망들은 우월의식, 탐욕, 야욕, 과도한 명예욕(허영심), 음욕 등이다. 그런고로 재물을 지나치게 욕심내는 사람은 탐욕에 빠지고, 타인들을 지배하고 함부로 대하는 것에 재미를 붙인 사람은 야욕과 우월의식(또는 우월적 지위)에 대한 집착을 버리지 못하고, 명예를 얻는 일에 비이성적으로 열중하는 사람은 과도한 명예욕이나 허영심을 채우고자 극성스럽게 활동하고, 비이성적이고 야비한 음욕을 가진 사람은 범죄적인 짓을 서슴지 않는다.

[43] 감정의 자연권과 이성의 자연권

많은 관념이 복잡하게 결합되어 수동적(비이성적) 감정을 구성하고 있으면서 그것들이 조직적으로 활성화된 경우라면 그것의 작용은 거의 제어될 수 없다. 왜냐하면 그것이 정신의 대단히 많은 부분을 차지한 채로 활성화되어 있으므로 정신의 영역에서 그것보다 더 체계적이고 강력한 관념연합이 거의 존재하지 않기 때문이다. 그러나 만약 어떤 관념연합이 정신의 내부에서 정신의 최대부분을 차지하고, 그 어떤 수동적 감정이 포함하는 관념연합보다 더 체계적이고 강력한 것이며, 확실하고 타당하면서 자기를 보존하고 더욱 활성화하며 자기의 활성화상태를 향수하고자 하는 정신의 노력과 일치하는 성질을 가지고 있다면 그것은 이성을 구성하고 있으면서 능히 감정을 제압할 수 있고 폐기할 수 있다.

[44] 정신의 모든 관념은 관념이면서 동시에 신체조직의 기능이다. 모든 신체조직(두뇌조직)은 정상적으로 기능하는 한 자기보존 및 자기활성화를 위한 노력을 한다. 그러므로 정신에 불확실하고 허구적인 관념이 존재할지라도 그 관념이 자리 잡고 기능하는 신체조직은 자기활성화를 위한 노력, 즉 보다 좋은 상태로의 변화와 그것의 향수를 위한 노력을 한다. 다시 말하자면, 불확실하고 허구적이며 비타당한 관념(사고, 상상)이 전개되면서 신체조직으로 하여금 보다 좋은 상태나 유리한 상황을 목적으로 활동하도록 인도한다. 그리고 정신에 확실하고 타당한 관념이 있다면 그러한 사고가 전개되면서 신체조직으로 하여금 보다 좋은 상태나 유리한 상황을 목적으로 활동하도록 인도한다.

[45] 정신과 합일되어 있는 신체조직이 기능함에 따라 관념(사고, 상상)이 연쇄적으로 산출된다. 이 신체조직의 기능은 활성화되기도 하고 위축되기도 한다. 이 신체조직은 정상적으로 기능하는 한 자기의 보존과 활성화를 위해 노력한다. 이 신체조직의 자기보존

및 자기활성화의 노력은 이 신체조직이 수행하는 기능의 보존 및 활성화를 의미한다. 따라서 이 신체조직은 자기의 기능을 보존하고 활성화하기 위해 노력한다. 또한 이 신체조직의 기능이 활성화되었을 때, 관념이 연쇄적으로 풍부하게 산출되며, 위축되었을 때에는 빈약하게 산출된다. 이 신체조직의 기능이 활성화 되었을 때, 그와 동시에 정신은 기쁨, 쾌감, 희열 등을 느끼고 경험한다. 이 신체조직의 기능이 위축되었을 때, 그와 동시에 정신은 슬픔, 고통, 두려움 등을 느끼고 경험한다.

[46] 이 신체조직의 본질적 기능은 자기의 기능을 보존하고 활성화하기 위한 노력이다. 따라서 그와 동시에 정신에서는 자기보존 및 자기활성화를 위한 관념을 형성하여 보존하고 활성화하기 위한 노력, 즉 자기 보존 및 자기활성화를 위한 관념을 형성하여 기억하고, 교정하고, 발전시켜 활용하기 위한 노력이 이루어진다.

[47] 두뇌조직의 인식작용은 관념을 형성하여 보존(기억)하고 이것을 다시 보완하여 더 완전하고 타당한 관념으로 발전시키는 일이다.

[48] 모든 사람은 자신이 승자임을 확인하고 싶어 한다. 현명한 사람도 어리석은 자도, 비열한 자도, 교활

한 자도, 간사한 자도, 무지한 자도, 저열한 자도, 고매한 자도 모두 승자가 되기 위해 노력한다. 이것은 많은 운동경기와 여러 종류의 경합들에 참여하는 사람들과 그 사람들을 응원하는 사람들을 보면 확인될 수 있다. (22, 26, 27절에 있는 대결의식과 야욕에 대한 설명을 참조)

[49] 인간은 정신의 수동상태(예속)에 있을 때나 능동상태(자유)에 있을 때나 변함없이 승자가 되기를 바라고, 승자가 되기 위해 노력한다.

[50] 비이성적인 인간은 자신을 승자라고 생각하는 한, 우월의식을 느끼고 그것을 즐긴다.

[51] 정신의 수동상태에서 인간의 정신은 의견과 정보, 자극에 의해 매순간 다르게 결정된다. 이렇듯 수동상태에 있는 정신을 매순간 변화시키는 주요원인은 의견과 정보, 자극 등의 외적 사물들이므로 그러한 정신은 외적 사물들에 종속되어 있는 것이다. 그러므로 그러한 정신의 감정은 불안정과 변덕을 벗어날 수 없다.

[52] 수동상태란 불확실하고 비타당한 인식(상상, 생각)에 따라 자기 보존 및 자기활성화를 추구하는 정신(두뇌조직)이 인식의 불완전함과 타당하지 못함으

로 인해 필연적으로 경험하는 불안정한 감정들과 상황이다.

[53] 감정이란, 두뇌조직의 기능이 활성화되기도 하고 위축되기도 함에 따라 정신이 기쁨이나 쾌감을 느끼기도 하고, 슬픔이나 두려움, 불안 등을 느끼기도 하면서 나타나는, 활성화상태에서의 두뇌조직의 증대된 활동성, 위축상태(또는 나쁜 상태), 위축상태(또는 나쁜 상태)에 대한 반작용, 위축상태(또는 나쁜 상태)에서의 두뇌조직의 감소된 활동성 등에 대한 의식이다. 다르게 말하면, 감정이란 정신의 자기보존 및 자기활성화를 위한 노력 또는 활동이며, 그러한 노력이나 활동이 저해되거나 위축되거나 활성화되는 상태를 정신이 스스로 의식한 것이다.

우리는 자기의 감정, 욕망, 본성, 어리석음, 미숙함을 잘 알아채지 못한다. 그것들이 우리의 눈앞에 있는 것이 아니라 눈 뒤에 숨어있기 때문이다. 눈 뒤에 숨어있는 자기와 자기의 본성을 이해하기 위해 정신은 상상하고 분석하고 추리해야만 한다.

[54] 정신은 감정에 따른 결정과 행동보다 이성에 따른 판단과 행동에 의해 더 큰 이익과 기쁨을 향수할 수 있다는 걸 이해했을 때 수동적 감정에 의한 행동을 버리고 이성적인 행동을 택한다. 즉 무엇이 손해이고 무엇이 이익인지, 무엇에서 괴로움이 생기고 무

엇에서 진정한 만족이 생기는지를 명확히 이해했을 때 자기의 본성적 노력과 완전히 일치하는 이성의 명령에 따른다.

[55] 정신이 참된 인식을 달성하지 못하는 동안 정신은 지속적인 수동상태에서 벗어나지 못한다. 또한 수동상태에서 정신이 활성화되면 반드시 허구하며 그에 따라 과대희망, 허욕, 탐욕 등에 빠져들기도 한다.

[56] 정신이 실제의 수많은 현상들, 사건들, 작용들, 과정들을 지각하고 그것들에 대해 표상하면서 그것들에서 필연성을 인식했다면, 그러한 인식은 원인과 결과의 명확한 연쇄를 밝혀준다. 필연적인 것에 대한 그러한 이해에 의해서 정신은 원인에서 결과를 예측하고, 결과를 보고서 원인을 추론해낼 수 있게 된다. 그러나 사물의 필연성에 대한 인식이 없거나 충분하지 못할 때 정신은 유효하지 않은 허구적인 상상에 의존한다.

[57] 인간의 정신에는 타당한 관념과 그릇된 관념이 공존한다. 즉 인간은 확실하고 참된 관념과 더불어 불확실하고 거짓된 관념도 가지고 있다. 따라서 인간의 정신에는 진리와 허위가 공존하며, 이성과 비이성이 공존하는 것이 보통이다.

[58] 질투란, 비이성적인 인간이 자기를 보존하고 더욱 활성화하며 자기의 활성화상태를 향수하기 위해 노력하는 중에 자기의 노력이 타인에 의해 방해되거나 저지된다고 생각하는 경우 상대를 미워하고 깎아내리는 것이다.

[59] 인간은 자기를 보존하고 더욱 활성화하며 자기의 활성화상태를 향수하고자 하는 자기의 노력을 지원하고 촉진하는 것(물질, 물체, 대상, 자극, 상황, 능력, 법제 등)을 선이라고 판단한다.

[60] 인간은 자기를 보존하고 더욱 활성화하며 자기의 활성화상태를 향수하고자 하는 자기의 노력을 방해하고 저지하는 것(물질, 물체, 대상, 자극, 상황, 능력, 법제 등)을 악이라고 판단한다.

[61] 참된 관념이란, 실제의 현상, 사건, 작용, 변화를 원인의 관념과 결과의 관념의 필연적 연쇄로써 명확히 밝혀주는 관념이다.

[62] 그릇된 관념(즉 오류)이란 원인의 관념과 결과의 관념이 필연성을 갖고서 연결되지 않음으로 인해 실제의 현상, 사건, 작용, 변화를 설명할 수 없는 엉성한 관념이다.

[63] 두 가지 인식 방법.
1. 감각을 통하여 포착된 것만을 지각하는 것이나 정보가 제시한 것만을 고려하는 것은 감춰진 것을 파악하지 못하는 수동적 인식이다.
2. 정보가 제시한 것과 제시하지 않은 것을 연결시켜 한꺼번에 파악하는 것이나 감각으로 포착한 것과 감각을 통하여 포착되지 않은 것을 연결시켜 한꺼번에 인식하는 것은 감춰진 것까지도 인식하는 능동적 인식이다.

[64] 자발적 허위의 관념이란, 원인의 관념과 결과의 관념이 실제로는 필연적인 연결이 성립하지 않음에도 불구하고 정신이 임의로 원인과 결과로서 연결해서 생각한 것이며, 원인과 결과의 참된 연관이 알려지지 않은(않았다고 생각하는) 상태에서 비이성적 인간이 자기의 본성을 구성하는 주요 요소들을 손상으로부터 지키기 위한 수단으로서 그러한 허위의 관념이 절실히 필요한 경우에 형성하는 것이다. 왜냐하면 인간은 일정 수준 이상의 자기의 활성화상태를 유지하지 못하면 자기를 보존할 수 없기 때문이다.(5절)

[65] 정신이 정상적으로 작용할 때, 정신은 감각인상, 표상, 관념(표상들의 연합)으로써 사물을 지각하고 포착한다. 정신이 감각인상, 표상, 관념으로써 사물을 지각하고 포착하는 것이 경험이다. 그러므로 경험은

인식과정이고 일종의 인식이다. 따라서 관념이 없으면 경험은 성립하지 않는다. 또한 정신은 정상적으로 기능할 때 지속적으로 자기보존 및 자기활성화를 위한 노력을 한다. 그러므로 정신은 정상적으로 기능할 때 사물을 경험하고, 인식하고, 또 동시에 사물에 대한 감정을 형성할 수 있다. 따라서 사물에 대한 경험 및 인식은 그 사물에 대한 감정과 결합될 수가 있다.

[66] 자신이 경험했던 상황과 경험할 상황에 대한 상상, 생각, 판단은 감정을 초래할 수 있다. 관념과 감정이 연결되어 있을 수 있기 때문이다.

[67] 참된 인식을 달성하기 위해서는 사실 및 진실(실제의 현상, 사건, 작용, 변화)에 전적으로 일치하도록 상상하고 사유하고 판단해야 하며, 동시에 사실 및 진실에 어긋나는 허구적인 상상과 관념을 철저히 배제하는 것이 절대적으로 중요하다.

[68] 경험했거나, 경험하고 있거나, 경험하게 될 상황에 대한 허구적인(또는 공상적인) 상상과 관념이 감정과 결합되어 있으면 그 감정은 수동적인 감정이다.

[69] 인간은 최고의 활성화상태를 경험하는 것을 원한다. 그러므로 그것에 최고의 가치를 두고 추구하며 가능한 한 그것을 이루기 위해 노력한다.

[70] 권력, 권위, 재물, 명성, 명예, 쾌락 등에 대한 과도한 사랑은 환장(광증)이라고 할 수 있는 것이다. 그리고 공통의 목적을 가진 존재들이 공유할 수 없는 것을 소유하거나 향수하기 위해 서로 상대를 능가하고자 하는 것은 경쟁이다.

[71] 정신에 참된 인식이 없으면 엉성하고 허구적인 상상과 관념이 왕성해진다. 그리하여 그것들이 인간을 잘못된 길로 인도한다.

[72] 자연에 존재하는 모든 사물들을 어디서나 항상 지배하고 결정하는 궁극적 주체는 신이다. 그런데 자연에 있는 모든 현상, 존재, 작용, 변화, 사건을 언제 어디서나 결정하고 지배하는 궁극적 주체는 다름 아닌 자연자체이다. 그러므로 자연자체가 곧 신이다.

[73] 인간의 마음의 노력이 촉진되고 증대될 때, 즉 정신의 활동이 활성화될 때 정신은 기쁨, 쾌감, 만족감, 흥분 등을 느끼고 그 상태와 상황을 즐긴다. 반대로, 마음의 노력이 저지되고 방해당할 때, 정신의 활동은 위축되며 정신은 슬픔, 고통, 욕구불만, 두려움, 불안감, 우울 등을 느끼고, 자기의 능력이 미치는 한, 어떻게든 그 상태와 상황을 벗어나려 한다. 그리하여 정신은 자기를 위축시킨 사물에서 멀어지려하고 나

아가서는 그것을 제압하거나 제거하려 노력한다.

[74] 인간은 자기의 마음의 노력을 촉진하고 증대시키는 것(물질, 물체, 대상, 상황, 자극 등), 즉 자기가 사랑하는 것을 더 많이, 반복적으로 또는 지속적으로, 더 뚜렷하게 표상하기 위해 노력하며, 그것이 실현되었을 때에는 정신이 고양된다. 그에 따라 정신은 그 상태와 상황을 즐기는 일에 빠져든다. 이러한 과정은 인간의 본성 그 자체이므로, 이때 정신의 관념들이 혼란하고 허구적인 것이라 하더라도 정신이 자기의 노력과 오류를 명확히 인식하지 못하는 한에 있어서는 자기를 통제하거나 억제할 수 없다. 이러한 경우에, 수많은 사람들이 다함께 저지르는 공통의 오류가 발생한다.

[75] 정신이 자기의 마음에서의 노력이 촉진되는 것을 즐기고 있을 때, 정신은 자신이 사랑하는 것을 더 많이, 더 오랫동안, 더 뚜렷하게 표상하고 있다. 그러나 자신이 사랑하는 것을 더 많이, 더 오랫동안, 더 뚜렷하게 표상하는 것은 그 자체로서 사랑하는 것에 대한 확실하고 타당한 인식이 될 수 없다. 상상의 강렬함과 지속기간은 이미 지각한 것과 드러나지 않은 것에 대한 통일적이고도 정확한 인식을 제공하지 않는다. 정신이 혼란한 관념과 허구적 상상에 의존해서 노력하고 일정기간동안 그 노력이 촉진되는 상황을

즐기는 것은 이성적인 것이 아니고 이성의 명령에 합치하지 않는다. 이성적인 것은 참된 인식을 즐기고 참된 인식에 따라 행동하는 것이다.

[76] 인식(관념)의 가치, 완전성, 탁월성은 관념이 얼마나 많은 사실들 및 진실들과 일치하며, 또한 얼마나 정확하게 일치하느냐에 따라 완전성과 탁월성이 결정된다. 사실들 및 진실들과 가장 풍부하고 정확하게 일치하는 관념이 최고의 확실성을 가진다.

[77] 정신에 존재하는 확실하고 타당한 인식에 근거한 것이 아니라면, 즐겁고 기쁜 경험, 흥분되는 경험, 슬픔의 경험, 욕망과 노력, 의심하지 않음, 의혹이 없음 등도 모조리 수동일 뿐이다.

[78] 감춰진 것, 드러나지 않은 것을 명확히 인식하는 능력이 매우 가치가 있다. 긍정적이고 유익한 것이 감춰져 있는지, 아니면 부정적이고 해로운 것이 감춰져 있는지 정확히 인식할 수 있다면 그것은 인간에게 매우 유익하다. 감각으로 지각한 것이나, 의견이나 정보에 의해 제시된 것만을 고려하고 있으면서 잘 알고 있다고 생각하는 것은 잘못이다. 또한 드러나지 않은 것, 감춰진 것을 알지 못한 채로 사실과 어긋나게 상상(허구)하면서 사물을 알고 있다고 여기는 것도 잘못된 것이다. 감각으로 지각한 것, 의견이나 정

보가 제시하는 것과 드러나지 않은 것을 아울러서 정확히 인식하는 것이 타당한 인식이다.

[79] 비이성적 정신의 노력은 대개 비이성적 위축상태(또는 나쁜 상태)에서 벗어나 비이성적 활성화상태를 즐기는 것이다. 그런데 인간이 비이성적인 활성화 상태를 즐길 때에는 이성을 거의 발휘하지 못한다. 그러므로 인간의 정신이 비이성적인 한에 있어서는 위축상태(또는 나쁜 상태)에서보다는 오히려 활성화 상태에서 무분별하고 추악할 수가 있다.

[80] 감춰진 것 또는 드러나지 않은 것에 대한 무지, 희망, 두려움, 불안감, 허구는 모조리 비이성적인 것이다.

[81] 강렬한 대결의식이나 야욕을 가진 인간은 자신의 우월함을 확인하고자 하며 자신의 우월함을 확인(입증)할 수 있다고 생각되는 행동방법을 발견했을 때에는 그것을 실행하고자 한다. 그는 자신의 우월함을 확인하기 위한 행동에 강한 충동을 느끼며 자기의 능력을 강화하고 발전시켜서 마침내 그 목적을 이루려고 한다. 또한 그는 어떤 행동을 자신이 강자임을 증명(확인)할 수 있는 것이라고 믿는 한, 그 행동을 실행하지 않고는 거의 배겨나지 못한다.

[82] 인간이, 자기의 능력이 미치는 한, 어떻게든 자기를 보존하고 더욱 활성화하며 자기의 활성화상태를 향수하기 위한 노력을 함에 앞서서 우선 자기를 보존하고 더욱 활성화하기 위한 자신의 능력에 대한 긍정적 관념이 필요하다. 이러한 자신의 능력에 대한 긍정적 관념이 없으면 자기를 보존하고 더욱 활성화하며 자기의 활성화상태를 향수하고자 하는 노력이 성립할 수 없고 시작될 수 없다.

[83] 참된 인식과 결합된 기쁨과 욕망은 인간의 참된 이익과 일치한다. 반면에, 잘못된 인식과 결합된 쾌감과 욕망은 인간의 참된 이익에 상충된다.

[84] 인간 정신의 인식은 정신의 노력에 의해서 만들어지므로 참된 인식은 정신이 열심히 노력해서 이룬 결과다. 그러므로 참된 인식, 또는 완전하고 확실한 인식은 유익하고 훌륭한 결과라고 말해질 수 있고, 어리석고 조잡한 인식, 즉 허구적 상상, 오류, 오판, 착각 등은 무익하고 해로운 결과라고 일컬어질 수 있다. 정신이 사물을 원인과 과정, 결과를 이어주는 필연적 연쇄에 따라 상상하고 이해하는 경우, 정신은 참된 관념, 또는 이성에 의해 사물을 인식한 것이다. 정신이 사물에 대한 그릇되고 조잡한 관념에 머물러 있을 때, 정신은 사물의 원인과 과정, 결과를 이어주는 필연적 연쇄와는 어긋나는 생각을 하고 있다.

[85] 신(우주적 자연)은 어디에서나 항상 모든 사물을 존재하고 작용하도록 결정하고 지배하는 주체적 존재다. 자연은 자기 자신을 지배하고 결정하는 주체이면서 동시에 자신의 능력에 의해 지배되고 결정되는 객체이다. 사물을 원인과 결과의 필연적 연쇄를 통하여 파악하는 것이 참된 인식이다. 또한 무한히 많은 원인들과 결과들의 필연적 연쇄들로써 자연의 모든 사물들을 상상하고 이해하는 것이 자연에 대한 참된 인식이다. 결국 자연의 모든 사물들이 무한히 많은 원인들과 결과들의 필연적 연쇄들에 의해 영원한 필연성에 결정되어 있음을 아는 것이 신에 대한 참된 인식이다.

[86] 사물의 원인과 결과의 필연적 연쇄와 일치하는 상상은 이해이고, 그것에 어긋나는 상상은 허구이다.

[87] 희망과 공포, 불안감 등은 드러나지 않은 것이나 미래의 일에 대한 무지, 허구, 불확실한 인식 때문에 주로 생긴다.

[88] 인간의 행동은 두뇌조직의 활동에 따르는 작용이 신체의 다른 부분에 전달되어 이루어진다. 그런데 두뇌조직의 활동의 성과는 바로 관념이므로 인간의 행동은 관념의 작용을 받아 이루어진다고 말해질 수

있다. 인간의 신체는 (대단히 많기는 하지만)유한한 수의 세포로 구성되어 있고, 인간의 정신은 (역시 대단히 많다고 볼 수 있지만)한정된 수량의 관념으로 구성되어 있다. 따라서 인간의 인식과 사고, 사상은 일정한 한계에 갇혀 있으므로, 인간자신에 대해서나 다른 대상, 상황, 수많은 자연물, 자연, 우주에 대한 관념, 인식, 사상은 인간이 갖고 있는 한계 내에서의 작용이고 결과이다.

[89] 선의 인식이 결여되고 선의 인식과 결합되지 않은 악의 판단은 인간의 본성적 노력에 상충된다.(46절) 인간은 자기를 보존하고 더욱 활성화하며 자기의 활성화상태를 향수하기 위한 자신의 노력을 저지하고 방해하는 사물을 악이라고 판단하고, 자신의 그러한 노력을 촉진하고 지지하는 사물을 선이라고 판단한다. 따라서 선의 인식이 결여된 악의 판단은 오직 인간의 본성적 노력이 저지되고 방해받는 것만을 표시하므로, 인간이 그러한 악의 판단에 따라서만 활동하게 되었을 때는, 그러한 상태가 지속하는 한에 있어서, 자신의 본성적 노력을 저지하고 방해하는 사물을 표상하고 그것의 나쁜 영향력 아래에 갇히는 것으로부터 벗어날 수 없다.

그러나 악의 판단에 참된 선의 인식이 결합된다면 악의 판단이 정신에 있을지라도 정신은 자신의 본성적 노력에 일치하는 참된 선의 인식에 따라 활동함으로써 자기를 보존하고 더욱 활성화하며 자기의 활성화상태를 향수하기 위한 노력을 계속해 나간다. 결국 정신은 선의 인식과 결합되지 않은 악의 판단에만 갇혀 있는 한, 자기를 보존하고 더욱 활성화하며 자기의 활성화상태를 향수하기 위한 노력을 형성할 수 없고 시작할 수 없다. 그러나 정신 안에 참된 선의 인식이 증대된다면, 그에 따라 정신의 본성적 노력도 증대되어 정신은 본성에 더욱 일치하는 활동을 지속할 수 있다. 결과적으로 선의 인식과 결합되지 않은 악의 판단은 인식작용의 위축 및 인식의 결핍을 의미한다.

[90] 인간은 정신적이거나 신체적인 온갖 노력을 할 때 자신이 가지고 있는 능력과 체내물질을 사용하고 소비한다. 그러므로 인간의 노력이 왕성할수록 인간이 가지고 있는 능력과 체내물질의 사용과 소비도 더 활발해지고 많아진다. 그런데 인간이 가지고 있는 능력이나 체내물질은 한정된 것이므로 인간의 노력의 성과도 제한될 수밖에 없다.

[91] 인간의 정신능력은 두뇌내부의 여러 가지 능력들 또는 기능들이 동시다발적이면서도 조직적으로 협력하여 기능함으로써 성립한다. 정신의 일부는 자신과 조직적으로 협력하는 다른 부분들이 존재하고 작용함으로써 능력을 발휘한다. 정신의 능력은 여러

부분적인 능력들의 조직적인 협력으로 구성되므로 부분적인 능력들이 분열하여 협력하지 않는 경우에 정신은 통일적인 능력으로 작용할 수 없다. 또 그 경우에 정신은 인식의 완전성을 추구할 수 없고, 자기보존 및 자기활성화를 위한 노력을 온전히 수행할 수 없다.

[92] 정신이 자기를 인식하든 인식하지 못하든 항상 정신의 능력들의 종합은 유한하다.

[93] 정신이 신체와 정신을 구분하여 인식할 수 있는 능력은 정신이 갖고 있는 능력들이나 작용들의 한계내에서만 이루어지는 일이므로, 정신의 능력들이나 작용들이 기능하는 한에 있어서만 그것이 성립한다. 따라서 그러한 능력은 인간정신이 가진 능력들이나 작용들의 한계에 갇혀있고 그것에서 벗어날 수 없다. 정신이 정신을 인식하는 방법 또는 과정은 정신의 능력들이나 작용들의 한 부분일 뿐이다. 즉 정신은 두뇌 내부에 갖춰진 능력들이나 작용들이 동시다발적이면서도 조직적으로 협력하여 기능함으로써 성립하는, 자의식을 가진 작용이다.

[94] 정신의 인식은 보완되어 발전할 수는 있어도 자신의 천성적인(자연적인) 본질을 바꿔놓을 수는 없다. 말하자면 관념이나 인식은 뇌수의 본질을 변경할

수 없다.

[95] 인간의 감각기관들이 동시다발적으로 작동하고, 또 두뇌의 여러 부분들이 한꺼번에 조직적으로 협력하여 작용함으로써 많은 표상들이 연속적으로 생성되고, 더불어 기억, 상상, 판단, 추리, 사유 등이 행해져 정신의 활동이 이루어진다. 이때 작용하는 각각의 정신은 생성되고 있는 표상들과 기억된 관념들을 연결하고 정리하는 활동을 한다. 따라서 각각의 정신이 활동함으로 인해 그 정신의 내부에 산출되는 것은 연결되고 정리된 표상들 또는 관념들일 뿐이다. 그런고로 각 인간의 정신이 달성한 생각, 판단, 인식, 이해, 추리 등도 역시 그 정신의 표상들 또는 관념들이 연결되고 정리된 것들일 뿐이다. 그러므로 각각의 정신은 자신이 형성한 표상들 또는 관념들에 근거해서만 성립하고 항상 그것들의 총합과 일치하며 그것들로부터 분리되어 있을 수 없다.

[96] 세상의 모든 정신들이 형성할 수 있었던 모든 표상들과 그것들의 연결과 연합인 관념들은 모조리 내부로부터이건 외부로부터이건 자연적 사물들로부터 자극받아 산출되었으므로, 표상들 및 관념들은 자연으로부터 유래하여 자연적 과정을 거쳐 자연에 귀속되는 사물이다. 그러므로 인간정신의 관념 또는 인식의 원인과 과정과 결과는 자연이다. 이것으로부터

인간의 정신을 내부와 외부에서 항상 결정하고 지배하는 존재는 자연이며 자연이 곧 신이라는 것을 우리는 알 수 있다.

[97] 최소단위 또는 최소량의 자극이 다량으로 모여서 작용함으로써 표상이 형성된다. 표상을 생성시키는 최소단위, 또는 최소량의 자극은 자연물, 자연력, 자연물의 작용 등이다.

[98] 신체의 외부에 있는 온갖 사물들과 신체자체는 감각을 통해서 뇌수를 자극하여 변화시킬 수 있으므로 표상들을 만들어 낼 수 있다. 그런데 뇌조직의 여러 부분들도 정상일 때는 기능하고 있으므로 작용력이 있고, 그에 따라 뇌조직들 상호간에 직접 자극을 주고받을 수 있다. 그런고로 외부 사물의 자극에 의해 생성된 표상들 이외에 뇌조직의 여러 부분들이 서로 주고받는 자극(작용력)자체에 의해 형성되는 표상들이 있어야 한다. 뇌조직의 작용양상을 표시하는 자극-가령 위축상태(또는 나쁜 상태)나 활성화상태-이 뇌조직들 간에 서로 전달되고 포착될 수 있다면 뇌조직은 인접한 뇌조직으로부터의 자극에 의해 생긴 표상을 가질 수 있게 된다. 그 자극이 뇌조직의 위축상태(또는 나쁜 상태)나 활성화상태를 표시할 때 우리는 그것을 감정이라 할 것이다.

[99] 두뇌조직의 연합(전체)의 활동을 두루 활성화시키거나 위축시키는 것은 두뇌조직의 공통적 본성에 작용하는 자극이다. 그리고 관념은 두뇌조직의 작용에 의해 형성되고 인식은 관념들의 연합에 의해 성립하므로 두뇌조직의 본성에 작용하여 두뇌활동을 활성화시키거나 위축시키는 작용력(자극)은 두뇌조직의 관념형성작용 또는 인식작용을 증대시키거나 저해한다. 다시 말해서 인간정신의 본성에 작용하는 자극은 관념형성작용 또는 인식작용에도 작용한다. 그러므로 자극이 정신(두뇌조직의 작용)의 본성에 작용하여 감정이 악화되면 정신의 인식작용도 저해되고, 좋아지면 정신의 인식작용도 더욱 활성화된다.

[100] 인간은 상대적으로 유리한 상황을 향수하기 위해 또는 승자가 되고자 혹은 자기의 우월함 및 유능함을 확인하고 입증하기 위해 노력한다.(26, 27, 48, 79절) 그러므로 그러한 노력이 촉진되고 있을 때 기쁨을 느끼고 두뇌조직의 작용은 전반적으로(동시다발적으로) 활성화된다. 즉, 정신의 활동과 인식작용이 증대된다. 따라서 정신의 작용력, 지성의 인식능력, 지각능력이 증강되며, 그에 따라 지각의 성과, 인식의 성과도 증가하고 인식의 완전성이 어느 정도 향상되도록 결정된다.

그러나 비이성적인 정신은 인식의 완전성이 증가하기보다는 단순히 활동이 왕성해지고, 그에 따라 기쁨을 느끼며 그러한 경험과 상황에 집착하고 환장하도록 결정될 수가 있다. 또한 비이성적인 정신은 만속이 없이 변덕스러울 수가 있고, 비열할 수가 있고, 저질스러운 공격성을 나타낼 수도 있고, 교활함을 발휘할 수도 있다. 인간은 어른이 되기 전에 먼저 어린아이와 청소년이 되고, 이성적인 사람이 되기 전에 먼저 감정적인 사람이 되고, 현명한 사람이 되기 전에 먼저 어리석거나 교활한 사람이 된다. 인간은 어리석거나 교활하거나 현명하다. 인간은 자기의 수준과 능력이 허용하는 범위 안에서 공통적인 인간의 본성을 드러낸다. 비이성적인 인간의 정신에서는 두려움이 없을 때 야욕이 활성화된다(혹은 악덕을 드러낸다). 두뇌(정신)는 거의 동시에 다량의 뇌세포들이 작동함으로 인하여 대상을 지각한다. 또 두뇌는 여러 뇌조직들이 한꺼번에 작동함으로 인하여 거의 동시에 지각하고 상상하고 판단하고 추리하는 등의 활동을 한다.

인간이 사물들을 지각할 때, 사물에 대해 사유하고 판단할 때, 선과 악에 관한 판단을 할 때, 어떤 것을 사랑하거나 미워할 때, 욕구할 때, 두려워하거나 희망할 때, 어떤 것에 집착하거나 열광할 때, 환장(과도하게 사랑)할 때, 절망할 때, 거부반응을 일으킬 때, 만족하거나 행복해할 때 등등의 경우에 인간의 두뇌조직은 동시다발적으로 작용하여 그렇게 결정된다. 인간의 정신은 감각인상(감각을 통해 뇌에 새겨진 흔적)들과 기억된 표상들, 관념들로 구성되어 있으며, 지각능력, 기억력, 상상력, 사고력 등등이 연합하여 작용함으로 인해 성립한다. 정신은 동시에 보고 듣고 느끼고 기억하고 상상하고 생각하고 판단하고 추리한다.

[101] 인간의 정신이 열등의식이나 열패감을 가질 때, 그 정신의 작용은 위축된다. 그러므로 그 정신은 열등의식이나 열패감을 초래한 사물(대상, 상황, 자극 등)을 싫어하고 혐오한다. 그리하여 정신은 그 사물을 멀리하려 하고 부정하려 하고 제거하려 하고 제압하려 하거나, 잊어버리려 하며, 그 사물이 반복되거나 왕성해지거나 지속되지 않게 하려 노력하며, 동시에 자기의 열등함이나 무능함, 어리석음을 확인하거나 증명당하는 것을 저지하고 방해하려 한다. 왜냐하면 그런 것은 상대적으로 유리한 상황을 향수하기 위한 노력 및 승자가 되기 위한 노력, 자기의 우월함 및 유능함을 확인하고 입증하고자 하는 정신의 노력에 상충되기 때문이다. 또한 그런 것은 어떻게든 자기를 보존하고 더욱 활성화하며 자기의 활성화상태를 향수하고자 하는 본성적 노력에도 상충되기 때문이다.

[102] 정신이 과거에 경험한 것 중에 열등의식이나 열패감을 가졌던 것이 있을 때, 정신은 그 기억을 자

기의 뜻대로 지울 수 없다. 동시에 정신은 그 기억을 부정하려 하며 멀리하려 하고 반복되지 않기를 바란다. 그렇게 되지 못했을 때 정신은 위축되어 괴롭다. 그러므로 정신은 자기를 보호하고 방어하기 위해 노력하며, 정신에는 자기인식, 자기합리화, 비열함, 교활함, 역전과 반격을 도모함, 복수심 등이 생긴다.

[103] 인간은 우월의식이나 자부심은 즐기지만 열등감이나 열패감은 괴로워한다. 인간은 자기의 상대적인 우월함, 뛰어남, 비범함 등을 확인하거나 증명하고 싶어 하며, 그런 일을 할 수 있을 때 기쁘고 즐겁기 때문에 자기의 능력이 미치는 한 어떻게든 그런 일을 실현하고자 노력한다. 반면에, 인간은 자기의 상대적인 열등함이나 무력함이 확인되거나 입증되는 일을 싫어하고 괴로워하므로 그러한 상황을 부정하고자 노력하며 그러한 상황이 성립하지 못하도록 저지하고 방해하기 위해 힘쓴다.

게다가 우월감에 의해 일단 고양된 자의 정신은 -이성이 제대로 작용하지 않으면-자기의 기쁨과 즐거움을 유지하고 키우려는 욕망과 노력이 더욱 강해져서 결국에는 일방적으로 유리한 상황을 향수하고 싶어 하는 야욕에 이르기까지 변화해간다. 야욕에 사로잡힌 인간은 파렴치해지고 오만해져서 온갖 악덕을 거침없이 실행하게 된다. 그는 다른 사람들을 무시하거나 핍박하거나 괴롭히거나 박해하거나 살상하는 것조차도 기꺼이 바라고 실행한다. 그러고 나서 그는 그것을 기뻐하고 자랑스럽게 생각한다. 그는 그것을 자기의 우월함과 유능함을 확인하고 증명하는 과정으로 여기기 때문에 스스로 자제할 수가 없다. 그는 자기의 그러한 욕망에 반대되고, 그러한 노력을 방해하는 사물을 악으로 판단하여 제압하고 제거하고 파괴하고자 한다. 그는 다른 사람들을 존중하지 않고 두려워하지 않게 됨으로 인하여 어떠한 악행도 서슴없이 저지르며 기뻐한다.

[104] 인간의 진정한 본성은 이성(理性)이 없이는 성립할 수 없다. 이성이 없거나 불완전한 인간도 인간으로서 존재하고 자기의 본성을 발휘하며 살아갈 수 있다. 한 인간의 이성이 불완전하다고 해서 그가 죄인이 된다거나 존엄하지 않은 존재가 되는 것은 아니다. 만약 그러하다면 모든 인간은 죄인이나 존엄하지 않은 존재가 되지 않을 수가 없었다. 왜냐하면 인간은 모두 아무것도 모르는 채로 태어났으며, 완전한 이성을 갖추고 나서 삶을 시작한 사람은 아무도 없기 때문이다. 또 어느 정도 완성된 이성을 갖춘 사람도 어쩌다가 정신이 혼란해져서 충분히 이성적이지 않은 경우가 있기 마련이다.

또 인간이 충분히 이성적이지 않다고 해서 곧바로 파멸을 당하거나, 죽음에 이르는 것도 아니다. 그러나 인간이 충분히 이성적이지 않거나 사물에 대하여 정확한 인식을 갖추지 못함으로 인하여 불가피하게 불행한 일이나 재난을 당하게 되는 것은 아주 흔한 일이다. 우주적 자연 또는 세상의 사물들은 인간의 안전과 생존과 만족을 위해 존재하고 활동하는 것이 결코 아니기 때문에, 인간이 원하는 것들을 달성하고 소중히 여기는 것들을 지키기 위해서, 그리고 자기의 권익과 만족을 향유하기 위해서는 자기의 정신에 어떤 강력한 능력을 보유하는 것이 필요하다. 이러한 인간적이고도 정당한 필요는 인간에게 선천적으로 주어져 있는 것으로서 인간이 자기의 지성을 최고도로 완성하여 자기를 위하여 발휘하도록 촉구한다. 그러므로 인간은 자연적인 자기의 지성을 최고도로 완성하여 자기를 보존하고 더욱 활성화하며 자기의 활성화상태를 향수할 권리가 있다. 인간의 진정한 이성은 자기의 감정을 통제할 수 있는 것이고, 인간이 감정에 따라 행동하는 것보다 이성에 따라 행동하는 것이 더 유익하도록 인간을 인도할 수 있는 정신의 힘이다. 따라서 진정한 이성은 감정보다 더 강력하면서도 유익하고, 인간이 자기를 보존하고 더욱 활성화하며 자기의 활성화상태를 향수할 수 있도록 뒷받침하는 핵심적 능력이다.

[105] 정신의 비이성적 활성화상태의 지속은 극성스러움과 교활함과 오만과 야욕을 초래하는 데 반하여, 정신의 이성적 활성화상태의 지속은 능동성과 인식

과 만족과 아량과 자율을 가져온다. 비이성적인 사람은 자기의 감정들을 정확히 인식하지 못하고 통제할 수도 없는 상태에서 자기를 보존하고 더욱 활성화하며 자기의 활성화상태를 향수하기 위해 노력한다. 그가 본성적 욕망에 따라 자기를 더욱 활성화하여 자기의 활성화상태에 이르렀을 때에는 기쁨과 쾌감을 느끼므로, 그 상태를 반복하거나 지속하기를 바라고 동시에 비이성적 우월의식을 품는다. 이러한 상태가 지속되면 그의 비이성적 활성화상태가 더욱 견고해지므로, 그는 태도와 행동에 있어서도 한층 더 극성스러워지고 오만해지며 거칠어지게 된다. 그는 극성스러운 활동을 통해서 자기의 비이성적 활성화상태를 유지하고자 하고 교활하고 오만한 태도로 자기의 야욕을 충족시키고자 한다. 그가 달성한 그 비이성적 활성화상태가 자기로서는 그 이상의 것을 생각할 수 없는 최고의 것이므로, 그는 그것을 무엇보다 소중하게 여기고 그것에 애착을 가지며 결국 환장하게 된다. 인간이 충분히 이성적이지 못한 것은 자기의 감정에 대한 인식과 통제력의 부족을 의미하고, 더 나아가 자기의 감정과 욕망의 과도함을 제어하기보다는 오히려 욕망의 대상에 환장하고 극성스러운 행동을 즐기게 한다. 그러므로 인간이 비이성적인 한에 있어서는 변덕스럽고 또 사악한 행동을 하지 않으리라는 보장이 없어서 그런 사람들끼리 서로 적이 되기도 하거니와, 이성적인 사람에게는 특히 분명한 경계대상이 된다.

[106] 비이성적인 사람들의 극성스러움과 이성적인 사람들의 능동성은 서로 대립한다. 인간이 비이성적이거나 충분히 이성적이지 않다고 해서 죄인이 되거나 존엄하지 않은 존재가 되는 것은 아니지만, 비이성적인 사람들이 바라는 격렬한 활성화상태는 몹시 거친 태도와 행동을 초래하므로, 이성적으로 자신들을 보존하고 더욱 활성화하며 자신들의 활성화상태를 향수하기 위해 노력하는 사람들은 자신들의 안전과 활기와 만족을 침해당하지 않기 위해서 어떻게든 비이성적인 사람들의 거칠고 사악한 행동을 방지할 필요가 있다.

[107] 비이성적인 인간들이 추구하는 격렬한 활성화상태를 달성한 사람들 중에 가장 두드러지는 실례들은 독재자들이다. 이들이 달성한 활성화상태의 속성은 인간의 본성에 내재한 여러 가지 비이성적인 요소들을 서슴없이 행동으로 표출한다는 것이다. 그들의 드러난 행동들을 보면, 정당하지 않은 방법으로 권력을 빼앗거나 차지하고, 자신들의 권력(우월의식) 유지와 강화를 위해 많은 무고한 사람들을 핍박하고 살상하며, 자신들의 탐욕을 채우기 위해 부정한 방법으로 재물을 축적하고, 자신들의 야욕과 더러운 명예욕을 충족시키기 위해서 사람들의 정당한 언론 및

표현의 자유를 억압하며, 자신들의 음욕을 채우기 위해서 난잡하게 음행을 일삼는다. 이러한 것들은 이성의 명령과는 배치되는 것이며, 비이성적인 사람들이 내심으로 원하고 추구하던 것을 마침내 실현한 결과들이다. 그러므로 세상에는 독재자들과 비슷하게 생각하고 욕구하고 행동하는 사람들이 적지 않고, 평소에 그들을 부러워하거나 숭배하고 그들처럼 살아가기를 바라는 사람들도 존재한다. 말하자면 독재자들은 비이성적인 사람들의 우상이고 본보기이다. 그래서 사이비 종교의 교주들이나 악덕 기업가들도 독재자들을 흉내 내며 살기를 좋아했다.

[108] 인간이 자기를 보존하고 더욱 활성화하며 자기의 활성화상태를 향수하기 위해 노력하면서 동시에 충분히 이성적인 사람이 되는 것은 매우 어려운 일이기는 하지만 자기의 진정한 이익을 위해서 그리고 인류사회를 위해서 아주 중요한 일이 아닐 수 없다. 이성적 인식에, 즉 충분한 완전성을 가진 인식에 근거하여 자기를 보존하고 더욱 활성화하며 자기의 활성화상태를 향수하기 위해 노력하는 사람은 그러한 인식에 힘입어 강력한 활성화상태를 지속적으로 유지할 수 있다. 따라서 이러한 사람은 이성의 힘으로 비이성적인 변덕과 욕망들의 과도함을 극복하고 자신의 진정한 이익을 위해서 능동적으로 행동하며, 타인들의 정당한 권익을 함부로 침해하지 않게 된다.

다수의 이런 사람들이 국가를 구성하고 주도해 나갈 때 국가는 필연적으로 건전해지고 조화로워지고 풍요로워질 것이다. 그러나 충분히 이성적이지 않은 사람은 정신에서 이성의 힘이 크게 작용하지 못하여 강력한 활성화상태를 지속하지 못할 것이고, 따라서 비이성적인 자기를 보존하고 더욱 활성화하며 자기의 활성화상태를 향수하기 위한 노력에 기인하는, 과도하거나 변덕스러운 욕망들과 감정들을 제어하지 못할 것이다. 다수의 이러한 사람들이 마음대로 거칠게 행동하도록 허용되는 국가는 많은 혼란과 불화와 범죄를 방지하지 못할 것이다. 왜냐하면 비이성적인 사람들이 바라고 추구하는 격렬한 활성화상태는 필연적으로 독재자들이 보여주는 것과 같은 행동들을 초래하기 때문이다.

# 제2장

# 인간의 본성 및 자연의 진리에 관한 논담

[1] 독재정치 하에서 나타나는 인간의 본성

인간은 누구나 자기의 본성에 근거하여 자기를 보존하고 더욱 활성화하며 자기의 활성화상태를 향수하기 위하여 노력한다. 정치에 있어서 사람들은 개별적으로 또는 집단적으로 인간의 본성을 드러낸다. 작당한 소수의 사람들이 무력으로 다른 사람들을 살상하고 협박하면서, 동시에 국민들에게는 기만적으로 자신들을 정당화하고 그들을 현혹시킴으로써 부당하게 국가의 권력을 차지한 경우들이 있었다. 작당한 소수의 사람들이 대담하게 국가의 권력에 도전하여 마침내 그것을 찬탈할 수 있었던 것은 다음과 같은 여러 가지 이유가 있었기 때문이다. 첫 번째 이유는, 정부가 대다수 국민들의 본성적 욕구들을 적절히 만족시키지 못함으로 인해 국민들로부터 지지를 받기보다 원성을 듣는 형편이었다는 것이다. 두 번째 이유는, 그러한 상황의 타개를 그럴듯한 명분으로 삼아 야욕을 품고 통치권을 찬탈하려는 무리들이 있었는데도, 이에 대해 정권을 차지하고 있던 사람들이 정확히 인식하지 못했다는 것이다. 세 번째 이유는, 통치자에 대한 경호 및 통치자의 집무시설에 대한 경비가 허술했다는 것이다. 네 번째 이유는, 대다수 국민들이 진정한 민주주의에 대한 인식과 성숙한 민주의식을 갖추지 못하고, 국가적 문제들을 민주적이고 이성적인 방식으로 협의하여 처리하는 것보다 국가권력에 크게 의존하여 타율적으로 해결하는 것을 선호했다는 것이다. 이런 식으로 국민 각자는 충분한 완전성을 갖추지 못한 인식, 즉 비이성적 인식에 따라 자기를 보존하고 더욱 활성화하며 자기의 활성화상태를 향수하기 위해 노력했지만, 한편으로 극심한 권력욕과 야욕과 명예욕 등등을 품은 독재자와 그의 가신들에게 짓밟혀 자신의 정당한 권리를 행사하지 못하고 자기의 진정한 이익을 추구하지 못하였다. 그러므로 자유와 존엄성을 유린당한 국민들은 예외 없이 모두가 불행하고 비참했다.

그렇다면 다른 모든 국민들을 짓밟은 독재자와 그의 가신들은 진정한 만족이나 최고의 행복을 향유했을까? 만약 그러했다면 독재자를 부러워하고 숭배하며 그처럼 살기를 소망하는 사람들은 세상의 이치를 정확히 알고 있는 현명한 사람들이라고 평가되어야 마땅하다. 그러나 독재자들은 대개 말로가 비참했고 생전에도 진정한 만족을 달성하지 못하여 욕심을 채우기 위해 끊임없이 비정상적인 행태를 일삼았다. 그들이 진정한 만족이나 최고의 행복을 달성했다면, 스스로 마음의 평온을 향유했을 것이고, 과도하고 비이성적인 욕망들을 갖지 않았을 것이며, 타인들의 자유와 존엄성을 짓밟기보다는 오히려 그것들을 증대시킴으로써 많은 사람들로부터 인정과 존경을 받고 진정한 명예를 얻었을 것이다.

그러나 독재자들은 정신의 비이성적 활성화상태를 극복하지 못하고 오히려 그것에서 삶의 희열을 느끼고 있었다. 따라서 그들은 극성스러웠고 사악한 짓을 통하여 자기를 보존하고 더욱 활성화하며 자기의 활성화상태를 향수하기 위해 노력하는 것을 스스로 그만두지 못하였다. 그들은 모든 국민들을 불행하게 만들고 자기 자신도 진정한 행복을 알지 못했다는 점에서, 파괴적이고 병적인 인간들이었다. 그러므로 독재자들을 선망하고 숭배하며 그들처럼 살기를 소망하는 인간들도 확실히 불량하고 병적이라고 생각된다. 그리고 그와 같은 현상들을 냉철히 고찰해봤을 때 명확히 알 수 있는 것은, 인간이 비이성적인 한에 있어서는 자기를 보존하고 더욱 활성화하며 자기의 활성화상태를 향수하기 위한 노력이 반드시 정해진 한계 안에 제한되어야 하고, 또 인간의 진정한 만족이나 최고의 행복이 성립하기 위해서는 필연적으로 정신에 충분한 완전성을 갖춘 인식이 있어야 한다는 것이다.

독재자는 자기 이외의 모든 국민들을 짓밟으면서도 국민들로부터 신처럼 숭배 받으며 최고의 명예를 영원히 누리기를 원했다. 그러므로 독재자가 원하고 추구했던 것은 자기의 병적인 우월의식과 탐욕과 야욕과 음욕과 추악한 명예욕을 충족시키는 것이었다. 자유와 진정한 만족을 향유하지도 못하면서 독재자에게 알랑거리고 복종하며 사익과 부귀영화를 추구했던 사람들은 세상을 어지럽히고 국민들을 불행하게 만들면서도 자기들 나름의 희열을 느끼며 고양되었다. 그들은 불행한 국민들 속에서 상대적인 우월의식을 느끼고, 탐욕과 더러운 명예욕 등등의 욕심들을 채우며 살아가는 데 재미를 붙이고 극성스럽게 활동하였다.

그리고 그러한 와중에 국민들 중 비이성적인 사람들은 독재자를 선망하고 숭배하며 그처럼 오만하게 살아가기를 바라도록 오도되었다. 이것은, 말하자면, 노예근성을 가진 무지한 자들이 난폭한 독재자의 행태를 보고 수용하여 자신들을 비이성적으로 더욱 활성화하여 자신들의 활성화상태를 향수하고자 노력하는 것이었다. 그들은 주어진 살벌한 상황에서 지성을 충분히 발전시킬 수 없었고, 따라서 엉성하고 비이성적인 정신으로 살면서 자기들 나름의 희열을 추구하도록 결정되었다. 그들이 가질 수 있는 욕망들은, 이기심, 탐욕, 비이성적인 우월의식에 대한 욕구, 야욕, 지배욕, 과도한 명예욕, 음욕, 미식욕, 허영심 등이었다. 이런 욕망들은 이성적인 것들이 아니고 또 이성에 의해 통제되지 않은 결과들이다. 사실상 그들에게는 온전한 이성이 결여되어 있었으므로, 그들의 욕망들은 자연스러운 것들이었다. 사정이 이러했으므로,

자연적으로 이성적인 것들은 드물고 달성되기도 어려웠다.

[2] 민주정치 하에서 나타나는 인간의 본성

민주주의가 모든 국민들을 유덕하게 또는 이성적으로 만드는 것은 아니며, 인간의 본성을 변경시키는 것도 아니다. 민주국가의 국민들은 저마다 타고난 자기의 본성을 발휘하거나 발전시키며 살아가지만, 자기의 본성을 버리고 남의 본성에 근거하여 자기를 보존하고 더욱 활성화하며 자기의 활성화상태를 향수하기 위해 노력하는 사람은 아무도 없다. 왜냐하면 인간의 선천적 본성은 자연 또는 신이 인간에게 부여한 것이며, 인간의 자아의 본질이기 때문이다. 그러므로 각자는 자기의 본성에 근거하여 자기를 보존하고 더욱 활성화하며 자기의 활성화상태를 향수하기 위해 노력하며, 이러한 노력을 촉진하고 지지하는 것을 선이라고, 저지하고 방해하는 것을 악이라고 판단한다.(제1장 59, 60절) 그런데 사람들은 어느 정도는 이성적이면서도 또 어느 정도는 비이성적이다. 또 어떤 사람들은 이성적인 부분이 발달한 반면, 다른 사람들은 비이성적인 부분이 두드러진다. 그러므로 이성적인 부분이 발달한 사람들은 이성을 발휘하면서 노력하고 그에 따르는 성과에 만족하고, 비이성적인 부분이 두드러지는 사람들은 자기의 사고력을 한껏 발휘하면서 노력하고 그에 따르는 성과와 희열을 최대로 증대시키고자 한다. 따라서 이성(理性)은 인간에게 진정한 만족을 안겨줄 수 있는 것이지만, 이성적이지 못한 정신은 인간에게 그것을 안겨주지 못하고 불만족과 극성스러움과 욕심을 버리지 못하게 하는 것이다. 비이성적인 인간이 버리지 못하는 그 불만족과 극성스러움과 욕심이 세상을 움직이게 하는 동력이 되기도 하지만, 그것들이 지나칠 경우에는 혼란과 불화와 범죄를 불러오고야 만다. 왜냐하면 사람들이 자신들의 과도하고 비이성적인 욕망들을 충족시키기 위해 노력하는 중에는 거칠거나 잔인하거나 교활한 행태들을 보이기 때문이다. 이러한 행태들은 이성 자체나 이성에 근거하여 제정된 법률에 의해서 억제되어야 하지만, 그렇게 되기 전까지는 다른 사람들의 정신을 불안하게 하거나 교란한다. 그 결과 각자는 자기의 지성을 발전시키고 이성을 발휘하는 것을 방해받게 되고, 많은 사람들이 비이성적인 정신에 머무르도록 억제된다.

그러나 많은 어려움들과 방해 요인들에도 불구하고 자기의 지성을 개발하여 충분한 이성을 갖춘 사람이 되고자 끈질기게 노력하는 사람도 있다. 이런 사람은 자기와 비슷한 노력을 했던 옛 사람들이 이룩한 성과를 비판적으로 수용하여 자기를 강화하기 위한 토대로 삼는다. 그리하여 충분히 강화된 이성을 갖춘 사람은 자기와 인간과 사물들에 대한 합리적이고 정확한 인식을 활용하여 자기를 보존하고 더욱 활성화하며 자기의 활성화상태를 향수하고자 노력한다. 충분히 이성적인 사람은 비이성적인 인간의 변덕과 욕심과 극성스러움을 이해하고 있다. 비이성적인 인간은 자기와 인간과 사물들에 대한 합리적이고 정확한 인식이 부족하면서도 가능한 한 자기를 보존하고 더욱 활성화하며 자기의 활성화상태를 향수하기 위해 전력으로 극성스럽게 활동한다.

문제는 이렇게 하는 동안 비이성적인 인간은 여러 가지 비이성적인 욕망들과 태도들을, 즉 지배욕과 탐욕과 허영심과 야욕과 음욕과 오만함과 교활함을 버리지 못한다는 것이다. 그러므로 그는 극성스럽게 활동하며 자기의 지배욕과 탐욕과 허영심과 야욕과 음욕을 오만한 태도와 교활한 방법으로 충족시키고자 노력한다. 따라서 그는 남들을 깔보며 짓밟는 것을 좋아하고 자기의 욕심을 채우기 위해 거칠고 교활한 짓을 서슴없이 행한다. 이런 경우에 비이성적인 인간은 상대를 가리지 않기 때문에 이성적인 사람도 그의 공격의 대상이 될 수 있다. 사정이 이러하므로, 이성적인 사람은 그를 경계하고 그의 공격에 대비하지 않을 수가 없다. 또 세상에 비이성적이고 거칠며 교활한 사람들이 많다면 이성적인 사람들은(비이성적인 사람들도 역시 비이성적이고 거칠며 교활한 다른 사람들에게 짓밟히거나 부당하게 공격당하지 않으려면) 법과 제도를 통해서 그들을 제어할 필요가 있다.

## [3] 인간의 본성에 관련된 여러 현상들

인간의 본성을 구성하는 주요 요소들은 연합된 채로 표출되기 때문에, 또 인간의 사고력이 관여하여 그것들이 교묘하거나 교활한 방식으로 또는 세련된 방식으로 표현되기 때문에, 인간의 본성에 관련된 현상들을 이해하고 설명하는 것은 어려운 일이 된다. 그러므로 흔히 인간은 자기와 인간의 본성에 대해 정확히 알지 못하는 채로 자기의 본성에 따라 자기를 보존하고 더욱 활성화하며 자기의 활성화상태를 향수하기 위해 노력한다. 인간은 그렇게 자기와 인간의 본성에 대해 무지할수록 진정한 자기의 이익을 추구하는 데에 불리하고, 타인들의 권리와 이익을 존중하고 타인들과 조화롭게 사는 일에도 서툴게 된다. 또한 인간은 자기의 본성에 대해 무지할 경우에도 자기의 본성을 벗어나지 않으며 자기의 본성에 따라서만 자기를 보존하고 더욱 활성화하며 자기의 활성화상태를 향수하기 위해 노력한다. 그러나 인간이 자기의 본성에 대해 무지할수록 필연적으로 자기와 동류인 타인들의 본성에 대해서도 그만큼 무지할 수밖에 없다. 따라서 그런 사람은 타인들에 대해서 이성적이고 온당한 자세를 취하기가 어렵게 되어 거칠고 오만하게 행동하기 십상이다. 이것이 타인들을 불쾌하게 하고, 세상을 어지럽고 거칠게 만든다. 그와 같은 사람은 참된 인식을 달성하지 못하고 엉성하고 비이성적인 인식에 따라 자기 나름의 희열을 추구한다.

고가의 사치품에 집착하고 그것을 애지중지하는 사람들은 어떤 희열을 얼마만큼 잘 유지하고 있는가? 허영심을 채우고 약간의 비정상적인 우월의식을 느끼게 된 것이 그들의 보람인가?

어리석은 사람들로부터 찬사와 인정을 받고 고무되는 사람은 확고한 희열과 명예를 유지할 수 있겠는가? 어리석음에 근거한 찬사와 인정은 결국 착각일 수밖에 없어서 언제 어떻게 변할지 알 수 없는 것이 아닌가? 게다가 만일 그가 다른 사람들의 어리석음을 간파하고 교활한 방법을 써서 부당한 찬사와 인정을 받는 처지라면 더 확실하게 희열과 명예가 고통과 치욕으로 변하고 말 것이 아닌가?

또 어리석음을 벗어나지 못한 채로 엉터리인 사람을 인정해주고 칭찬하고 의지하는 사람들은 어느 때인가 드러날 진상을 알게 되면 얼마나 허무하고 실망스러울 것인가? 그런데도 엉터리인 사람을 칭찬하고 인정해주고 의지하고 숭상하는 어떤 사람들은 나중에 진상이 드러났는데도 숭상하기를 그만두지 않는다. 어찌하여 이런 일이 벌어지는가? 그런 사람은 그런 행위를 통해서 자기의 본성적 욕구들을 충족시키고자 노력했기 때문에, 진상과 자기의 어리석음이 드러났는데도 자기의 어리석음과 우행(愚行)을 옹호하여 같잖은 자존심과 비이성적인 우월의식 등을 지키고자 하는 것이다. 또 그의 같잖은 자존심과 비이성적인 우월의식이 엉터리일지라도 현실적 자아를 구성하는 주요 요소들이기 때문에 그는 감히 그것들을 무시하거나 파괴하지 못하고 오히려 두둔하는 것이다. 이 경우 그가 그것들을 무시하거나 파괴한다면 스스로 자기를 하찮은 존재로 생각하며 열등감을 품고 살아가야 하므로, 이것에 반발하고 그것에서 벗어나기 위해 노력하지 않을 수 없게 된다. 그러므로 비이성적인 인간은 자기의 본성을 구성하는 주요 요소들을 소중히 여기며 보존하려 하고, 자기의 능력이 미치는 한, 더욱 활성화하기 위해 노력한다는 결론이 내려진다. 그런 노력이 자기의 진정한 이익과 만족에 충분히 부합하지 않을지라도, 그는 그 노력을 게을리하거나 그만둘 때 자기를 무시하고 파괴하게 되므로, 자기의 본성에 따라서 그리고 자기의 능력의 범위 내에서 그 노력을 계속하도록 결정되어 있다. 여기서 우리는 인간이 자기의 본성에 따라서 자기의 진정한 이익과 만족에 충분히 또는 완전히 부합하는 노력을 하는 경우와 그렇지 않은 경우를 고려해볼 수 있다. 그런데 인간은 본성적으로 자기를 보존하고 더욱 활성화하며 자기의 활성화상태를 향수하기 위해 노력하므로, 이 노력이 어떠한 비이성적 감정에 또는 불완전한 인식에 근거한 것이든 간에 현실적 자아를 더욱 활성화할수록 또는 자기의 본성적 욕망들을 더 많이 충족시킬수록 인간은 그 노력에 더 강하게 집착하게 된다. 그리고 인간이 자기의 진정한 이익과 만족에 충분히 또는 완전히 부합하는 노력을 하고 그것들을 달성한 경우가 있다면, 그는 그것들을 지키기 위해 노력하면서 비이성적인 노력들을 그만두게 될 것이다. 그는 정신의 충분히 강력한 활성화상태를 지속하는 한 이성적으로 행동할 것이고 유덕함을 유지할 것이다. 왜냐하면 정신의 충분히 강력한 활성화상태는 이성을 정립하고 그에 따른 유덕함을 수반하기 때문이다.

그런데 자신들의 욕심을 채우기 위해 어리석고 비이성적인 사람들을 교활한 방법으로 세뇌시키고 선동하고 조종하는 자들이 성공적으로 목적을 달성하는 일도 종종 있다. 이에 관한 타당한 이유는 무엇인가? 스피노자는 ≪정치론≫ 제7장 27절에서, “어디서나 진리는 대개 적의(敵意)나 노예근성에 의하여 무너지며……”라고 말하는데, 이는 어리석은 사람들이 냉철함이 없는 적의 때문에 흥분하여 비이성적으로 거칠게 행동하면서 진리를 무시하고 파괴하는 것에 대해 말하는 것이다. 그런 일이 일어나는 이유는, 어리석은 인간이 적의(敵意) 때문에 흥분해 있을 때에는 자기의 본성 속에 포함되어 있었던 대결의식과 지배욕과 야욕과 질투 등이 자기도 모르게 더욱 활성화되어 강렬해지는 반면 지성은 상대적으로 위축되기 때문이다. 어리석고 비이성적인 사람들을 교활한 방법으로 세뇌시키고 선동하고 조종하는 자들도 그들의 집단적 우월의식에 대한 욕구와 적의와 질투(제1장 58절)를 자극하여 고양하는 방법을 통해서, 즉 자신들을 보존하고 더욱 활성화하며 자신들의 활성화상태를 향수하고자 하는 그들의 비이성적 노력을 촉진하는 방법을 통해서 성공적으로 목적을 달성한다. 그러므로 어리석고 비이성적인 인간이 쉽게 세뇌당하고 선동당하고 조종당하는 이유는 그가 정신의 무력함 때문에 평소에 정신의 충분히 강력한 활성화상태를 달성하지 못하고 다소 위축되어 있는 터에, 간교한 자의 말에 현혹되기도 하고 동조하기도 하면서 자기를 보존하고 더욱 활성화하며 자기의 활성화상태를 향수하기 위해 노력하기 때문이다.

여기서 또 우리는 사람들의 노예근성에 대해서도 고찰해볼 필요가 있다. 노예근성은 무슨 일이든지 주체성 없이 남이 시키는 대로 하거나 남의 눈치만 살피는 성질을 일컫는 말인데, 노예근성을 가진 자는 자기의 판단과 능력으로 어떤 일을 하기보다는 남이 지시하는 대로 행하는 것을 좋아하고, 남의 눈치만 살피며 스스로 궁리하지 않는다. 그러나 그는 남이 지시하는 대로 일을 실행하면서 자기를 보존하고 더욱 활성화하며 자기의 활성화상태를 향수하기 위해 노력하는데, 이때 어떻게든 그의 본성이 더욱 활성화되면 그의 비이성적 우월의식과 지배욕과 야욕과 질투 등이 한층 강렬해진다. 따라서 그는 그때 자기 나름의 희열을 느끼게 되고, 한층 증대된 비이성적 우월의식과 지배욕과 야욕과 질투를 갖게 된다. 이런 경우 그는 자기의 엉성한 지성을 극복하지 못한 채로 남의 판단과 지시에 주로 의존하여 자기를 더욱 활성화하였으므로, 결국 그는 비이성적 활성화상태에 처해 있다. 따라서 그는 온전한 지성에 의해 성취된 것, 즉 진리의 가치를 알지 못하고 긍정할 수도 없다. 오히려 그는 자기의 비이성적 활성화상태를 향수하는 것을 소중히 여기므로, 그것을 제지할 수 있는 진리를 무시하고 파괴하고 싶어 한다.(제1장 2, 11, 13, 14절 등등) 이와 같이 비이성적인 인간은 하여간에 자기의 격렬한 활성화상태에 빠져들면 진리나 정의보다 자기의 비이성적 활성화상태를 향수하는 것을 더 소중히 여긴다. 그러므로 진리와 인류의 진정한 이익과 화합과 평화를 지키기 위해서, 인간이 비이성적이고 이기적인 한에 있어서 자기의 활성화상태를 향수하기 위해 하는 빗나간 행동들은 이성에 의거하여 제한되어야 마땅하다는 결론이 내려진다.

### [4] 시기(猜忌)와 질투(嫉妬)

질투(시기)란, 비이성적인 인간이 자기를 보존하고 더욱 활성화하며 자기의 활성화상태를 향수하기 위해 노력하는 중에 자기의 노력이 타인에 의해 저지되거나 방해된다고 생각하는 경우 상대를 미워하고 깎아내리는 것이다.(제1장 58절) 비이성적인 인간은 비이성적인 자아를 구성하는 주요 욕망들(즉 탐욕, 우월의식에 대한 욕구, 허영심, 야욕, 음욕, 미식욕 등등)을 충족시키기 위해 노력한다. 다시 말해서 그는 참된 인식을 달성하기 위한 노력(즉 지성)을 제외한 자기의 다른 욕망들을 충족시키기 위해 노력한다. 이런 경우 그의 자아에 포함되어 있는 모든 욕망들은 비이성적인 것 즉 충분한 완전성을 갖춘 인식이 결여된 것이므로, 그가 자기의 욕망들을 충족시키기 위해 노력하는 것은 결코 이성적인 것이 될 수 없다.

따라서 그는 자기의 능력이 미치는 한 자기의 비이성적 우월의식을 증대시키고자 하며, 자기의 허영심(명예욕)과 탐욕과 야욕과 음욕과 미식욕 등을 더 많이 충족시키고자 노력한다. 이때 그는 타인이 자기보다 유능하거나 우월한 입장에 있는 것을, 자기보다 명성이 높은 것을, 자기보다 재물이 많거나 풍요로운 것을, 자기보다 더 많은 권력이 있는 것을, 정욕을 자기보다 더 많이 충족시키는 것을, 맛있는 음식을 자기보다 더 자주 먹는 것을 인지하면 그런 것들을 자기의 본성적 노력을 저지하고 방해하는 것으로 여기고, 그러한 대상을 미워하고 깎아내리고 헐뜯고자 한다. 이처럼 졸렬하고 비이성적인 인간은 자기보다 유능하고 뛰어난 사람을 시기하고 질투하며 동시에 자기의 욕망들을 충족시키고자 노력한다. 만약 그가 교활한 인간이라면 머리를 써서 좀더 그럴듯하게 자기보다 유능하고 뛰어난 사람을 깎아내리고 헐뜯으면서, 이에 대해 다른 사람들에게 인정받으면 자기 나름의 희열을 느낀다. 이것으로써 그는 얼치기의 입장에서 느끼는 열패감에서 어느 정도 벗어나게 된다. 따라서 그는 자기보다 유능하고 뛰어난 사람을 시기하고 질투하며, 깎아내리고 헐뜯는 일에 빠져들게 된다. 세상에서 가장 심하게 시기하고 질투하는 인간은 독재자이다.

[5] 독재자

독재자는 세상에서 가장 악독하게 시기하고 질투하는 사람이다. 그는 자기가 지배하는 국가 안에서 자기 이외의 다른 사람이 자기가 얻은 것보다 더 높은 명예를 차지하거나, 자기가 누리는 것보다 더 많은 자유와 행복을 향수하거나, 자기가 가진 것보다 더 많은 재물을 소유하거나, 정욕을 자기보다 더 많이 충족시키거나, 맛있는 음식을 자기보다 더 자주 먹는 것을 절대로 허용하지 않는다. 그러므로 독재정치 하에서는 그 누구도 진정한 만족이나 행복을 추구할 수 없고 절대로 향유할 수 없다. 독재자는 모든 국민들을 탄압하여 불행하게 만들 수 있는 특권을 가지고 있다. 그는 국민인 다른 사람들을 탄압하고 짓밟으면서 비이성적으로 자기를 보존하고 더욱 활성화하며 자기의 활성화상태를 향수하기 위해 노력할 수 있는 특권을 보유하고 있다. 따라서 그는 무고한 국민들 중 누구라도 협박하고, 고문하고, 감금하고, 살상하고, 강간하고, 또 누구의 재산이라도 강탈하고, 누구에게라도 누명을 뒤집어씌울 수 있는 특권을 가지고 있다. 또한 그는 입법기관을 무시하고 헌법이나 법률을 자기 뜻대로 제정하고 고칠 수 있는 특권과, 법관을 협박하여 자기가 원하는 내용의 판결을 내리게 할 수 있는 특권도 가지고 있다. 그에게는 자기가 지배하는 나라 안에서 얻을 수 있는 최고의 명예를 독차지하고 누릴 수 있는 특권도 있다. 그는 온갖 수단과 방법을 동원해서 모든 국민들을 세뇌시키고 자기를 신처럼 숭배하도록 강요하거나 유도할 특권을 가지고 있다. 그에게는 언론의 자유와 표현의 자유를 탄압할 특권이 있다. 그는 자기의 마음에 드는(또는 자기에게 알랑거리는) 사람들을 우대하여 지원할 수 있는 특권과, 자기의 출신지역을 편파적으로 개발할 수 있는 특권을 가지고 있다. 동시에 그에게는 자기의 출신지역 사람들로부터 신처럼 숭배 받고 찬양받을 수 있는 특권도 있다. 한마디로, 그는 비이성적인 인간이 가질 수 있는 온갖 욕망들을 최대로 충족시킬 수 있는 특권들을 가지고 있다.

그래서 그는 모든 비이성적인 사람들의 선망과 숭배와 찬양의 대상이다. 그는 확실히 극성스러운 방법으로 비이성적인 자아를 실현한 본보기이다. 이런 이유로 많은 비이성적인 사람들은 독재자를 선망하며 그의 행태를 수용하여 모방하기를 좋아한다. 사고가 조잡하고 비정상인 사람들은 그러면서 우월의식과 쾌감을 느끼므로, 그런 행태에 자꾸 빠져들게 된다. 이런 사람들이 많아지면 사회는 혼란스러워지고 화합을 이루기가 어렵게 된다. 그러므로 독재자도 민주주의의 치명적인 적이지만, 독재자를 선망하고 숭배하고 찬양하는 사람들과 모방하는 사람들도 모두 진정한 민주주의의 사악한 적들이다.

[6] 인간의 변덕

어떤 때에는 비굴하게 행동하고, 또 어떤 때에는 오만하게 행동하는 사람들이 있다. 말하자면, 그들은 사람을 대할 때 상대가 자기보다 우위에 있다고 생각되는 경우에는 위축되어 비굴하게 행동하고, 또 상대가 자기보다 하위에 있다고 여겨지는 경우에는 비이성적 우월의식이 더욱 활성화되어 오만하게 행동한다. 이렇게 비이성적인 사람은 자기의 강력한 활성화상태를 유지하지 못하고 상황에 따라서 어떤 때에는 위축되고, 또 어떤 때에는 자기의 본성을 구성하는 주요 요소들이 더 많이 또는 지나치게 활성화되어 본성을 드러낸다. 또한 비이성적인 인간은 자기의 비이성적인 정신에 갇힌 채로, 자기의 능력이 미치는 한, 어떻게든(또는 극성스럽게) 자기를 보존하고 더욱 활성화하며 자기의 활성화상태를 향수하기 위해 노력한다. 그러므로 그가 하여간에 위축되어 있을 때에는 야욕, 지배욕, 허영심, 탐욕, 음욕, 미식욕 등이 잘 드러나지 않을지라도, 어떤 상대적으로 또는 일방적으로 유리한 상황에 놓이게 되면 자연적으로 그것들이 더 많이 또는 지나치게 활성화되어 행동으로 나타나게 된다. 이것이 비이성적인 인간의 변덕이다. 비이성적인 인간은 자기의 변덕을 정확히 인식하지 못하는 채로 변덕을 부린다. 오히려 그는 변덕을 부리며 자기의 능력을 발휘하고 자기 나름의 희열을 느낀다. 그러나 그가 일방적으로 유리한 상황에 놓여 있으면서(또는 일방적으로 유리한 상황을 조성해 놓고) 자기를 격렬하게 활성화하는 경우에는 일방적으로 불리한 상황에 처한 사람들을 대상으로 자기의 야욕과 탐욕과 음욕과 허영심과 지배욕 등을 최대로 충족시키고자 한다. 이것이야말로 비이성적인 인간이 자기를 격렬하게 활성화한 것으로 인해 야기되는 해악이다. 따라서 비이성적인 인간의 변덕은 심하면 심할수록 바람직스럽지 않으면서도 해로운 것이다. 그러므로 비이성적인 인간이 극심한 변덕을 부리며 다른 사람들에게 극심한 해악을 끼치도록 허용되는 상황, 즉 그에게 일방적으로 유리한 상황은 조성되어서는 안 된다. 또한 우리는 비이성적인 인간의 심한 변덕이 지극히 자연스러운 것임을 이해하고 그것에 적절히 대비해야만 한다, 그렇지 않으면 우리는 그에게 짓밟히거나, 막대한 피해를 입거나, 자유를 강탈당하거나, 능욕을 당하기 십상이다.

[7] 경제 및 사회활동에서 나타나는 인간의 본성

각각의 인간은 자기를 보존하고 더욱 활성화하며 자기의 활성화상태를 향수하기 위해 여러 가지의 재화들과 용역을 필요로 한다. 인간은 생존을 위해서 물과 음식을, 거주하기 위해 주택을, 몸을 보호하고 치장하기 위해 의복을 필요로 하고, 그것들 외에도 자기를 보존하고 더욱 활성화하며 자기의 활성화상태를 향수하기 위해 여러 가지의 사물들과 자극들과 지식들과 관념들을 필요로 한다. 각자는 이러한 자기에게 필요한 것들을 획득하기 위해 일을 하기도 하고, 돈벌이를 하기도 하고, 돈을 쓰기도 한다. 이러한 활동을 하면서 각자는 자기의 본성적 욕구들을 충족시키기 위하여, 즉 자기를 보존하고 더욱 활성화하며 자기의 활성화상태를 향수하기 위하여 노력하고 자기의 뜻대로 되면 희열을 느낀다.

따라서 인간은 어떤 일을 하는 것 자체를 즐기거나, 또는 돈벌이를 즐기거나, 혹은 소비활동을 즐긴다. 예컨대, 어떤 사람은 일터나 직장에서 자기가 자발적으로 열심히 하는 일을 하면서 자기의 물욕과 탐욕과 명예욕과 권력욕과 우월의식에 대한 욕구와 미식욕 등등을 골고루 충족시킬 수 있기 때문에 고양되어 희열을 느끼고, 또 어떤 사람은 주어진 업무를 하면서 자기의 그런 욕구들을 충족시킬 수 있기 때문에, 또 다른 어떤 사람은 가지고 있는 구매력으로 소비활동을 하면서 자기의 물욕과 명예욕(허영심)과 우월의식에 대한 욕구와 미식욕과 자존심 등등을 충족시킬 수 있기 때문에 심신이 활성화되어 희열을 느낀다.

그러므로 각자가 자발적으로 열심히 하는 활동은 자기를 보존하고 더욱 활성화하며 자기의 활성화상태를 향수하기 위해 하는 것이다. 그러나 인간이 억지로 하는 일이나 활동은 자기를 보존하고 더욱 활성화하며 자기의 활성화상태를 향수하기 위해 하는 노력에 배치되는 것이다. 그러므로 인간은 어떤 일이나 활동을 억지로 하는 것을 본성적으로 꺼린다. 인간은 억지로 해야 하는(즉 자기를 더욱 활성화하지 못하는) 일이나 활동이 주어지면 분발하여 열심히 하기가 어렵다. 그러므로 인간의 자발성은 인간이 자기의 본성적 욕구들을 충족시킬 수 있는 정도에 따라서, 또는 자기를 마음껏 활성화할 수 있는 정도에 따라서 증대하거나 감소한다. 여기서 각자에게 문제가 되는 것은 자기의 본성적 욕구들이 아주 조금밖에 충족되지 못하거나 억압되는 것, 또는 자기가 아주 조금 활성화되거나 위축되는 것이다. 그런고로 각자는 이러한 상태를 벗어나기 위해서, 또는 극복하기 위해서 노력하고, 이러한 노력의 많은 부분을 경제 및 사회활동을 통해서 나타내는 것이다.

### [8] 사람들의 경제 및 사회활동과 인간의 본성에 관련된 문제들

문명인들은 수많은 거래들과 계약들을 통해서 서로에게 필요한 것들을 공급하고 획득한다. 이 때 각자는 자기의 이익을 키우고 비용을 줄이기 위해 노력한다. 또한 각자는 거래 또는 계약을 하면서, 자기의 본성을 거래행위와 계약행위에 반영시킨다. 다시 말해서 각자는 거래 또는 계약을 하면서 자기를 보존하고 더욱 활성화하며 자기의 활성화상태를 향수하기 위해 노력한다. 그래서 어떤 사람은 상대적으로 유리한 입장에 서서 거래나 계약을 하는 경우에 상대를 통해서 자기의 이기심과 우월의식에 대한 욕구를 충족시키고자 노력하고, 또 다른 어떤 사람은 일방적으로 유리한 입장에 서서 거래나 계약을 하는 경우에 자기의 이기심과 비이성적 우월의식에 대한 욕구와 지배욕과 야욕과 탐욕과 음욕 등을 채우고자 노력한다. 이런 노력은 대개 전쟁 중에 이루어지지만 평화 시의 거래나 계약에서도 이루어지는 경우가 없지 않다. 왜냐하면 일방적으로 유리한 입장이라는 조건이 인간의 야욕(즉 일방적으로 유리한 상황과 그에 따르는 자기의 과도한 활성화상태를 향수하려는 마음의 노력(제1장 22절))을 활성화하고, 기타의 비이성적 욕망들도 함께 활성화하기 때문이다. 이런 경우에 일방적으로 불리한 입장에 처한 사람은 상대에게 자기의 정당한 권리와 이익을 짓밟히고 고통을 당하게 된다. 이것은 인간의 존엄성이 짓밟히고 각자 자기의 정당한 이익을 추구할 권리가 무시되는 것이므로 문제가 되지 않을 수 없다. 그렇다면 어찌하여 어떤 사람은 일방적으로 유리한 입장에 서고 또 다른 사람은 일방적으로 불리한 입장이 되어 서로 거래나 계약을 하게 되는 것인가? 일방적으로 불리한 입장이 된 사람은 자기의 처지를 명확히 알고 있으면서도 기꺼이 그런 거래나 계약을 하고자 하겠는가? 아마도 그는 자기가 일방적으로 불리한 입장에 처해 있음을 정확히 알고 있지 못하거나, 알고 있다고 해도 외력에 의해 그렇게 되도록 강요되어 어쩔 수가 없는 처지일 것이다. 어쨌든 우리가 확실히 알고 있어야만 할 것은, 비이성적인 인간의 본성 속에는 야욕이 포함되어 있으며, 그는 자기의 능력이 미치는 한 어떻게든 자기의 활성화상태를 실현하여 그것을 향수하고자 한다(제1장 15절)는 것이다. 이것이 사람들의 경제 및 사회활동에 관련된 여러 가지 심각한 문제들을 발생시키는 주요 원인이다.

### [9] 사람들의 문화예술활동

사람들은 자신들을 보존하고 더욱 활성화하며 자신들의 활성화상태를 향수하는 데 있어서 집단적인 방법들을 개발하고 학습한다. 한 인간이 자기를 보존하고 더욱 활성화하며 자기의 활성화상태를 향수하는 데 유용한 것(방법이나 행동양식, 물질, 물건, 자극, 지식, 관념 등등)을 알게 되면, 그와 같은 환경에서 살아가는 동질의 사람들도 그것을 이용하여 자신들을 보존하고 더욱 활성화하며 자신들의 활성화상태를 향수할 수가 있게 된다. 왜냐하면 사람들은 서로 동질인 한에 있어서 본성이 동일하고, 따라서 한 사람이 자기를 보존하고 더욱 활성화하며 자기의 활성화상태를 향수하는 데에 유용한 것은 다른 사람들에게도 마찬가지로 유효하기 때문이다. 그렇게 사람들이 집단적으로 자신들을 보존하고 더욱 활성화하며 자신들의 활성화상태를 향수하는 데에 진실로 유용한 것들을 보존하고 활용하기 위해 노력하는 활동이 문화예술활동이다. 많은 사람들이 모여서 축제나 놀이를 하고, 공연을 시청하는 것은 자신들을 더욱 활성화하여 자신들의 활성화상태를 경험하기 위해서이다. 인간이 많은 기교들을 발휘하고 심사숙고하면서 자기를 보존하고 더욱 활성화하며 자기의 활성화상태를 향수하기 위해 노력한 결과는 예술작품이나 학문이 된다. 건강한 인간은 이러한 성과들을 학습하기도 하고 발전시키기도 하면서 자기를 보존하고 더욱 활성화하며 자기의 활성화상태를 향수하기 위해 노력하고 유효한 능력을 갖추어 간다.

그런데 그런 노력을 퇴폐적으로 또는 비이성적으로 하는 사람들도 적지 않다. 이런 사람은 자기를 보존하고 더욱 활성화하며 자기의 활성화상태를 향수하기 위한 적절하고 이성적인 방법을 잘 모르고, 아울러 자기의 조잡한 지성에 구속되어 정신의 더 좋은 상태를 달성하지 못한다. 그러므로 그는 다른 더 좋은 방법을 모르는 채로 자기의 능력이 미치는 한 어떻게든 현실적 자기를 보존하고 더욱 활성화하며 자기의 활성화상태를 향수하기 위해 노력하게 된다.

[10] 종교

어떤 사람들은 종교를 신봉하지 않고도 마음의 평온과 건전함과 만족을 유지할 수가 있는데, 또 다른 사람들은 종교에 마음을 의지해야만 모든 것이 정상적으로 이루어질 것같이 생각하며 종교를 신봉하고, 종교생활에 자기 나름대로 보람을 느끼며 살아간다. 말하자면, 후자의 이런 사람들은 종교에 의지하여 자기를 보존하고 더욱 활성화하며 자기의 활성화상태를 향수하기 위해 노력하며, 그 결과에 어느 정도 만족하며 살아간다. 이것이 사람들을 어느 정도 건전하게 하고 세상을 어느 정도 평화롭게 한다.

그러나 종교도 사람들을 완전히 건전하게 하지 못하고, 세상을 완전히 평화롭게 하지 못한다. 왜냐하면 신도들을 이끄는 성직자들과 이들을 따르는 신도들도 어느 정도 종교의 덕을 입기는 해도 그저 인간일 뿐이기 때문이다. 그러므로 그들 각자는 자기 나름대로의 방식으로 자기의 본성적 욕구들을 충족시키기 위해 노력한다. 이런 일은 종교의 기능이 근본적으로 인간의 본성을, 또는 뇌조직의 자연적 기능을 개조하는 것이 아니라 인간의 잘못된 욕망들을 억제하고 바람직한 행동을 권장하는 것이기 때문에 일어난다. 이 때 욕망들을 억제한다는 것은 그것들을 아주 제거해 버리는 것이 아니라 대립되는 감정과 관념으로 힘을 작용시켜 그것들의 활동을 제지하는 것이다. 그러므로 우리가 알 수 있는 것은, 종교를 신봉하는 사람들에 대한 종교의 영향력은 상당하지만, 종교가 인간의 본성 자체를 변경시키지는 않는다는 것이다. 말하자면, 우리는 종교를 신봉하는 사람들도 인간의 본성을 유지하면서 종교생활을 영위한다는 것을 알고 있다.

여기서 종교가 성립된 이유를 생각해본다면, 인간이 각자 자기를 보존하고 더욱 활성화하며 자기의 활성화상태를 향수하기 위해 노력하면서도 자기의 목적을 달성하는 데에 자기의 지식과 역량이 부족하다는 것을 스스로 의식하고, 절대자(또는 절대자의 뜻을 인식한 사람)의 가르침과 명령에 따름으로써 또는 자기의 인식을 궁극의 수준으로 끌어올림으로써 자기의 목적을 달성하고자 한 것이 종교가 되었다. 그러므로 종교는 인간이  차원 높은 인식에 따라서 자기를 보존하고 더욱 활성화하며 자기의 활성화상태를 향수하기 위해 열성적으로 노력한 결과이다. 그런고로 기성종교를 신봉하지 않는 사람이 합리적이고 고차원적인 인식을 갖추고 그것에 근거하여 자기를 보존하고 더욱 활성화하며 자기의 활성화상태를 향수하는 방식으로 살아간다면, 이것은 종교의 본래 취지에 배치되지 않는 삶을 살아가는 것이다. 실제로, 합리적이고 고차원적인 인식을 갖추고 있었던 철인들은 기성종교를 신봉하지 않고도 각자 자기의 강력하고 이성적인 활성화상태를 향수하면서 살았다. 이러한 삶은 유덕하고 보람된 삶이 아닐 수 없다. 왜냐하면 인간의 강력하고 이성적인 활성화상태는 인간이 합리적이고 고차원적인 인식에 근거하여 능동적으로 자기를 보존하고 더욱 활성화하기 위해 노력하며, 그에 따르는 내적 성과를 향유하는 상태이기 때문이다. 그러므로 우리는 각자가 자기의 강력하고 이성적인 활성화상태를 실현하고 지속적으로 잘 유지하는 것을 무엇보다 소중히 여길 필요가 있다.

[11] 인간의 교활함과 세련됨

인간은 자기를 보존하고 더욱 활성화하며 자기의 활성화상태를 향수하기 위해서, 또한 자기의 능력에 의해 실현된 자기의 활성화상태를 반복하거나 지속하기 위해서 노력한다. 이 때 인간은 이성적이지 않은 한에 있어서 진리나 정의보다 자기의 활성화상태를 향수하는 것을 더 소중히 여긴다. 그러므로 이러한 인간은 자기의 지성을 자기의 비이성적 욕망들을 충족시키기 위한 수단으로 이용한다. 말하자면, 그의 지성은 자기의 욕망들을 정확히 인식하지 못한 상태에서 그것들을 적절하게 제어할 능력이 없는 채로, (지성 자체를 더욱 활성화하여 그에 따르는 자기의 강력하고 이성적인 활성화상태를 향수하고자 하기보다는) 현실적 자아의 본성적 욕구들을 충족시키기 위한 관념들을 형성하기 위해 노력한다. 그 다음에 드러나는 불량한 행태와 이것에 연결된 이런 인간의 지능적 노력을 아울러 우리는 교활함으로 판단한다. 또 인간의 멋있게 느껴지는 언행이나 외양을 우리는 세련됨으로 판단한다. 그러나 상대의 교활함이 세련된 언행과 외양으로 위장되어 있는 경우에 인간은 상대에 대해 착각하고 상대에게 기만당하기 십상이다. 왜냐하면 인간은 상대의 비이성적 욕망들과 교활함을 간파하지 못한 상태에서는 그의 세련된 또는 멋있게 느껴지는 언행과 외양을 막연히 고상하고 훌륭한 정신에 결부시키는 경향이 있기 때문이다. 그래서 이것을 알고 있는 교활한 사람은 타인을 감쪽같이 속이기 위해서 어떻게든 세련된 언행과 외양을 보여주고자 애쓰는 것이다. 또 많은 인기를 필요로 하는 정치인들이나 연예인들은 대중에게서 더 많은 인기를 얻기 위해 어떻게든 언행을 세련되게 하고 멋있는 외양을 보여주고자 노력한다.

그러나 어쨌든 우리는 이성적으로 생각하고 판단하는 한에 있어서 그 어떤 교활한 인간에게도 기만당하거나 농락당하기를 원하지 않는다. 오히려 우리는 부당하고 사악한 목적을 이루기 위해 교활한 술수를 쓰는 자의 교활함을 정확히 간파하기를 바라고, 그러기 위해서 그런 자의 있는 그대로의 본성을 고찰한다. 그러한 교활한 자가 분투하여 마침내 실현하고자 하는 것은, 바로 독재자로 또는 독재자처럼 오만하게 살면서 자기의 탐욕과 야욕과 음욕 등등을 마음껏 충족시키는 것, 또는 자기의 비이성적 활성화상태를 실컷 누리는 것이다. 그러나 교활함은 인간의 최고 수준의 지성이 가지는 성질이 아니라 그보다는 뒤처지는 것으로서 상당히 극성스럽고 비이성적인 정신의 성정이다. 또한 교활한 자들은 사악한 욕망들을 채우기 위해 결탁하기를 좋아하고 자기네 떼거리에 속하지 않는 사람들에 대한 부당한 침해를 일삼는다. 그러므로 교활한 자들이 판치는 사회는 거칠고 살벌하고 혼란스럽다.

### [12] 명예욕과 허영심

세상의 사람들에게 훌륭한 사람으로 인정받는 사람은 자기의 존엄과 안전과 활기를 한층 더 확실하게 유지할 수가 있다. 또 주변의 사람들에게 멋있고 대단한 사람으로 인정받는 사람도 역시 자기의 존엄과 안전과 활기를 좀 더 확실하게 유지할 수 있다. 그러므로 이런 사람은 자기를 보존하고 더욱 활성화하며 자기의 활성화상태를 향수하기 위한 노력이 촉진되어 자기의 활성화상태를 반복적으로 또는 지속적으로 향유할 수 있다. 이것은 인간이 본성적으로 추구하는 것이다. 반대로 세상의 사람들이나 주변의 사람들에게 하찮은 사람으로 평가받는 사람은 자기의 존엄과 안전과 활기를 확실하게 유지하기가 어려워진다. 그러므로 이런 사람은 자기를 보존하고 더욱 활성화하며 자기의 활성화상태를 향수하기 위한 노력이 저해되어 자기의 나쁜 상태나 위축상태를 경험하도록 압력을 받는다. 이것은 인간이 본성적으로 싫어하는 것이다. 그러므로 인간은 명예나 허영을 애써 추구하고, 치욕과 무시당하는 것을 아주 싫어한다. 또 명예욕이나 허영심으로부터 자유로운 사람은 거의 없지만, 특히 상당한 재력이나 권력 또는 지명도를 가진 사람은 그것을 발판으로 자기의 명예를 드높이고자 더욱 열심히 노력하는 경향이 있다. 이것은 명예나 허영을 추구하는 인간의 노력이 상당히 촉진되고 있는 상태에서 인간이 자기를 더욱 활성화하여 자기의 더욱 강렬한 활성화상태를 향수하고자 하는 것이다. 그런고로 그런 사람은 자기의 명예욕이나 허영심을 채우기 위해서 기꺼이 자기의 재산을 소비하고, 권력을 행사하고, 지명도를 이용한다.

그러나 이런 사람도 오직 명예만을 위해서 자기의 모든 것을 바치는 것보다는 명예와 재력과 권력을 겸비하는 것을 더 좋아한다. 왜냐하면 이것은 인간이 자기를 보존하고 더욱 활성화하여 자기의 활성화상태를 즐기는 방법이기 때문이다. 하지만 인간이 이성적이지 않은 한에 있어서는 자기의 감정과 욕망을 정확히 인식하고 제어하기보다는 오히려 그것들에 휘둘려 분투하게 되므로, 이런 사람은 재물과 권력과 비이성적 우월의식과 명예에 환장한 삶(즉 이성적 정신의 강력한 활성화상태와 유덕함에 이르지 못한 삶)을 극복하는 것이 거의 불가능하다. 이러한 사람이 얻는 명예는 참된 덕을 결여한 채로 극성스럽게 활동한 성과일 뿐이다. 이에 반하여 강력한 이성과 덕을 갖추고 삶을 살아가는 사람이 다른 사람들에게 훌륭한 사람으로 인정받는 경우에 성립하는 명예는 덕을 본보이고 베푼 사람에 대한 인정과 존경이기 때문에 진정한 명예이다

그런데 비이성적이거나 어리석은 사람들이 자신들이 잘못 알고 있는 어떤 별난 사람의 업적이나 대단함을 인정하고 찬양하는 경우에 형성되는 명예는, 그들이 그 별난 사람과 그의 추종자들이 미화하고 과장한 것을 무분별하게 시인한 결과이기 때문에 진정한 명예가 될 수 없다. 그러므로 다른 사람들이 착각하거나 기만당한 채로 자신을 훌륭하다고 인정하기를 바라는 사람은 헛된 명예를 추구하고 있다. 예컨대, 독재자는 자기의 과도한 명예욕을 채우기 위해서 국민들을 조직적으로 속이고 세뇌하면서까지 사악한 자신을 인정하고 찬양하도록 유도하지만, 언젠가 사람들의 정신이 자유를 회복하는 순간에 그 명예는 파괴되고 만다. 보통사람들도 각자  자기의 명예욕이나 허영심을 채우기 위해 상당한 노력을 기울이지만, 많은 경우에서 상대적으로 자신감과 극성스러움이 부족한 편이다. 그래도 각자는 기회와 여건이 허락하는 한 어떻게든 자기의 명예욕이나 허영심을 충족시키기 위해 자기 나름대로 노력한다. 그러므로 이러한 노력은 아무도 못 말리는 자연스러운 것이다.

[13] 국가

다수의 국민들이 영토라는 터전에서 조직적으로 자신들을 보존하고 더욱 활성화하며 자신들의 활성화상태를 향수하기 위하여 법률과 통치조직을 갖추고 활동하는 공동체가 국가이다. 이성적인 인간이 고차원적이고 정확한 인식을 갖추고 그것에 근거하여 자기를 보존하고 더욱 활성화하며 자기의 강력한 활성화상태와 그에 따르는 유덕함을 유지하기 위해 노력하는 것과 같이, 국가는 국가 안에서 정신의 완전성이 상당히 뛰어난 사람들이 이성을 발휘하여 제정한 법에 근거하여 자체를 보존하고 더욱 활성화하며 자체의 강력한 활성화상태와 건전함을 유지하는 것을 목적으로 삼아야 한다.

그러나 각각의 국민이 나름대로의 방식으로 자기를 보존하고 더욱 활성화하기며 자기의 활성화상태를 향수하기 위하여, 또 자기의 활성화상태를 반복하거나 지속하기 위해 노력하는 것은 국가나 법이 부여한 본성이 아니다. 따라서 그러한 노력은 국가나 법보다 먼저 성립해 있는 것이므로, 국법의 취지에 일치하는 방식으로 아니면 어긋나는 방식으로 이루어질 수가 있다. 사정이 이러하므로, 국가는 합리적인 법에 근거하여 각각의 국민이 자기를 보존하고 더욱 활성화하며 자기의 활성화상태를 향수하기 위해 노력하는 것을 지원하거나 통제해야만 자체를 보존하고 더욱 활성화하며 자체의 활성화상태를 향수할 수가 있다. 또한 국가는 자체를 보존하고 더욱 활성화하며 자체의 활성화상태를 향수하기 위해 노력하고, 자체의 강력한 활성화상태와 건전함을 유지할 수 있을 때, 국민들의 생명을 지키고 그들을 만족시킬 수가 있다. 그러므로 국가의 그러한 능력이 바로 국가의 덕이다. 그런데 비이성적 인간의 본성을 구성하는 주요 요소들 중에는 탐욕과 지배욕과 우월의식에 대한 욕구와 명예욕과 야욕과 음욕과 미식욕 등이 있다. 만일 국가 내의 어떤 한 사람에게 그 욕망들을 마음껏 채울 수 있도록 허용하는 국가가 있다면 그 국가는 독재자가 지배하는 독재국가이며, 그 국가의 다른 모든 국민들은 독재자의 지배 아래서 짓밟히며 자유를 잃고, 각자 자기를 보존하고 더욱 활성화하며 자기의 활성화상태를 향수할 수 있는 정당한 권리를 상실한다. 또한 국가 안에 독재자처럼 행동하며 살아갈 수 있는 사람들이 많으면 많을수록 그 국가는 건전하지 못하고, 다른 많은 국민들은 독재자에게 짓밟히는 것처럼 짓밟히면서 불행한 삶을 살아가게 된다.

그러므로 모든 국민들이 공평하게 각자의 정당한 권리와 자유를 누리려면 그 누구에게도 비이성적 자아를 무제한으로 실현할 수 있도록 허용하지 않는 법률들이 반드시 필요하다. 그러한 법률들이야말로 인간의 이성적 노력과 일치하고 국가의 덕을 구성하는 주요 요소이다. 그러나 비이성적 자아를 무제한으로 활성화하거나 실현하고 싶어 하는 사람들이 다른 사람들을 압도하고 주도적으로 법을 제정하며, 국가를 통치한다면, 그러한 국가는 건전함과 덕에서 멀어지고, 각 국민은 온건하게 자기를 보존하고 더욱 활성화하며 자기의 활성화상태를 향수하기 위한 노력을 반드시 저해 받는다. 이것이야말로 국가의 최대의 악덕이다.

[14] 법

인간은 본성적으로 자기의 능력이 미치는 한 어떻게든 자기를 보존하고 더욱 활성화하며 자기의 활성화상태를 향수하기 위해 노력한다. 법은 각자가 온건하게 자기를 보존하고 더욱 활성화하며 자기의 활성화상태를 향수할 수 있도록 보장하는 인위적 규칙이다. 이러한 규칙이나 법을 모든 사람들은 틀림없이 시인하고 지지할 것이다.

그런데 인간의 본성을 구성하는 주요 요소들 중에는 지성, 자기애, 물욕, 탐욕, 권력욕, 자존심, 대결의식(우월의식에 대한 욕구), 야욕, 명예욕(또는 허영심), 성욕, 식욕(미식욕) 등이 있다(제1장 33절). 그러므로 인간은 비이성적이고 이기적인 한에 있어서도, 즉 충분한 완전성을 결여한 인식과 탐욕과 야욕과 과도한 명예욕과 음욕 등등을 가지고 있는 한에 있어서도 자기를 보존하고 더욱 활성화하며 자기의 활성화상태를 향수하기 위해 노력한다. 그런데 이러한 인간의 노력은 자체적으로 난폭함과 사악함을 배제하는 작용이 결여되어 있다. 왜냐하면 그러한 작용은 이성과 그에 따르는 덕을 갖춘 사람이 온건하지 않은 것을 발동시키지 않는 것이기 때문이다. 또 인간은 비이성적이고 이기적인 한에 있어서 진리나 정의보다 자기의 활성화상태를 향수하는 것을 더 소중하게 여기며, 그것을 위해 빗나간 행동들을 하기 십상이다. 그러므로 법의 강제력을 작용시켜 비이성적이고 이기적인 인간의 난폭하거나 사악한 행동들을 통제해야 할 이성적 필요가 있다.

### [15] 감각과 지성

인간은 감각을 통하여 자기와 외부의 사물들을 지각한다. 또한 인간은 자기가 지각한 것들을 기억하고, 기억된 표상들을 자기 나름대로 연결하여 표상들의 조합이나 연합을 만든다. 이것은 우리가 관념 또는 개념이라고 부르는 것이며, 각자의 정신과 욕망들을 구성한다. 또 인간의 정상적인 감각기능과 뇌기능이 작동하여 자기의 존재와 상태를 지각하면 인간은 자연스럽게 자기의 기분이나 감정을 알아차리게 된다. 이 때 인간은 자기의 나쁜 상태 또는 위축상태를 감지하면 그것을 보다 좋은 상태로 변화시키려는 본성적 노력을 하지 않을 수 없다. 왜냐하면 인간은 일정 수준 이상의 자기의 활성화상태를 유지하지 못하면 자기를 보존할 수 없기 때문이다.(제1장 3절) 그런고로 각 인간은 자기를 보존하고 더욱 활성화하기 위한 노력을 하게 되는데, 이 때 자기의 지성이 약하여 정신이 엉성한 인식으로 구성되어 있는 사람은 그 엉성한 인식에 의존하여 그런 노력을 하게 되고, 자기의 지성이 매우 강력하여 정신이 더욱 정확한 인식으로 구성되어 있는 사람은 그 정확한 인식에 근거하여 그런 노력을 하게 된다. 따라서 앞의 사람이 이룬 자기의 활성화상태는 강력함이나 지속성이 부족한 것이 될 수밖에 없고, 이에 비하여 뒤의 사람이 달성한 활성화상태는 훨씬 더 강력하고 지속적인 것이 될 수 있다. 왜냐하면 지성도 인간의 본성을 구성하는 주요 요소들 중의 하나로서 자기를 보존하고 더욱 활성화하며 자기의 활성화상태를, 자기의 능력이 미치는 한, 유지하기 위해 노력하기 때문이다. 그러므로 인간의 지성이 달성한 자기의 활성화상태의 강력함과 지속성은 지성의 역량에 비례한다.

그런데 인간이 자기를 보존하고 더욱 활성화하며 자기의 활성화상태를 향수하기 위해 노력할 때, 자기를 지각하고 인식하는 주체도 인간의 지성이고, 자기의 나쁜 상태나 활성화상태를 감지하고 기억하는 주체도 인간의 지성이고, 따라서 달성된 자기의 활성화상태를 반복하거나 유지하기 위해 노력하는 주체도 인간의 지성이고, 자기를 나쁘게 자극하거나 또는 활성화한 사물과 과정을 지각하고 기억하고 인식하는 것도 인간의 지성이고, 자기의 활성화상태를 유지할 수 있는 주체도 인간의 지성이다. 인간의 본성을 구성하는 주요 요소들 중에 그 어떤 것도 지성과 같은 활동을 하는 것은 없다. 그러므로 각 인간이 자기를 보존하고 더욱 활성화하며 자기의 활성화상태를 유지하기 위해 노력할 때, 그 노력의 주체는 각 인간의 현실적 지성이다. 따라서 각 인간이 달성한 자기의 활성화상태의 속성은 자기의 현실적 지성의 역량을 반영한다.

[16] 인간이 사물들을 지각하고 인식하는 방식

인간은 누구나 태어날 때 사물들에 대해 아무것도 모르는 채로 출생한다. 인간이 태아시절에도 감각을 통해 주변의 사물들을 지각하고, 스스로 지각한 것을 기억하고 있다면 태아의 뇌에도 기억되고 연결된 표상들이 있을 수는 있다. 아마도 그것들은 주로 자궁 속의 상태와 자궁 밖에서 들려오는 소리들에 대한 표상들일 것이다. 그러나 출생한 인간은 그 순간부터 본격적으로 외부의 사물들을 지각하고 인식하기 시작할 것이다.

인간은 사물들을 어떻게 지각하고 인식하는가?

1. 인간은 시간의 흐름에 따라 순서대로 감각되는 사물들을 순서대로 지각하고 기억할 수 있다. 만약 그렇지 않다면 인간의 지성은 사물들의 시간적 배열을 있는 그대로 파악할 수 없을 것이다. 또 인간이 서로 관련된 사물들을 원인과 결과로 구분해서 인식할 때에도 원인인 사물은 반드시 시간적으로 먼저이고 결

과인 사물은 나중의 것이므로, 사물들을 시간적 배열에 따라서 있는 그대로 지각하는 능력은 사물들을 인과적으로 인식하는 능력의 기본이다. 우리는 어떤 사물이 다른 사물의 작용을 받아 변화하는 경우에 그 다른 사물을 변화된 사물의 원인으로 생각하는데, 두 사물이 서로 작용을 주고받는 데에는 반드시 시간이 필요하다. 그런데 시간은 사물의 일정한 움직임이나 진동을 인간이 양적으로 측정한 것이고, 인간은 시간을 연속적인 것으로 파악한다. 그런고로 우리가 사물들을 인과론적으로 정확히 인식한다는 것은 우리가 연속적인 시간의 흐름에 따라 변화하는 사물들을 있는 그대로 지각하여 그 변화가 사물들이 서로 작용을 주고받은 결과임을 명확히 인식한다는 것이다. 이렇게 우리가 원인과 결과의 연결을 정확히 지각하고 인과적으로 명확히 인식했을 때, 우리는 그 결과를 필연적인 것으로 판단한다. 그러나 우리가 원인과 결과의 연결을 정확히 지각하지 못하고 인과적으로 명확히 인식하지 못한 채 결과의 발생에 대해 확률적으로만 알고 있을 때, 우리는 그 결과를 가능적인 것으로 판단한다. 그리고 우리가 결과만을 지각할 뿐 원인에 대해 아무것도 인식하지 못할 때, 우리는 그 결과를 우연적인 것으로 판단한다.

여기서 우리는 인간이 사물들의 인과관계 또는 원인과 결과의 참된 연결을 지각하거나 인식하는 것을 제한하는 것들은 어떤 것들이 있으며 사람들이 그것들을 어떻게 극복하고자 하는지 알아볼 수 있다. 첫째로, 인간이 감각을 통해 사물들을 지각할 때 감각에 의해 포착되지 않는 것들을 인간은 지각하지 못하기 때문에 그런 사물들의 연결을 지각하는 것은 인간의 감각능력의 부족에 의해 저지된다. 이것을 보완하고 극복하기 위해 사람들은 기계장치나 보조수단들을 이용하여 아주 작은 것들, 아주 멀리 떨어져 있는 것들, 눈에 보이지 않는 것들, 귀에 들리지 않는 것들 등등을 결국 감각을 통해 지각되는 것들로 변환시켜 지각한다. 이로써 인간은 감각을 통해 직접적으로 지각되지 않는 사물들의 형상이나 상태 또는 성질을 파악할 수 있고 사물들의 인과관계를 좀 더 많이 인식할 수 있다. 둘째로, 어떤 결과를 발생시키는 데 복합적으로 작용하는 원인들이 많으면 많을수록 인간은 그것들 전체를 있는 그대로 지각하기가 한층 어려워진다. 이것을 극복하기 위해 사람들은 관련된 많은 사물들을 여러 사람이 나누어 지각하고 그 결과를 어떤 식으로든 종합하여 전체를 정확히 인식하기 위해 노력한다. 이 때 사람들이 온갖 원인들을 지각하고, 그 다음에 그것들을 종합하는 방식이 올바르다면 인간은 많은 원인들과 결과의 연결에 대한 정확한 인식을 할 수도 있다.

2. 인간은 동시에 존재하는 많은 사물들을 한꺼번에 지각할 수 있다. 이 때 한 사람이 한꺼번에 지각하는 사물들이 많으면 많을수록 그의 지각능력과 인식능

력은 우수하다고 볼 수 있다. 왜냐하면 인간이 한꺼번에 많은 사물들을 지각할 수 있다는 것은 정신이 동시에 많은 표상들을 형성할 수 있다는 것이고, 이런 능력은 정신이 사유할 때에도 발휘되어 인식능력의 크기를 결정할 것이기 때문이다. 또 인간이 그런 능력을 계속적으로 발휘하여 어떤 사상(思想)을 형성하는 경우, 그것은 풍부하면서도 우수한 사상이 될 것이다.

3. 인간은 자기가 지각한 사물들을 기억하고 표상할 수 있으며, 기억된 것들을 자기 뜻대로 새롭게 연결(또는 상상)할 수도 있다. 또한 인간은 사물들을 더욱 정확히 지각하기 위하여 주의를 집중하여 그것들을 관찰하거나 소리를 듣는 등의 의식적 활동을 할 수 있다.

4. 인간은 스스로 직접 지각하지 않은 사물에 대해서도 언어와 기호의 도움을 받고 상상력과 추리력을 발휘하여 정확히 인식할 수 있다. 이 때 인간은 언어와 기호를 매개로 하여 사물들에 대해 상상하고 판단하고 추리하면서 정확한 관념들을 형성한다. 그러므로 광범위한 사물들에 대해 정확히 인식하기 위해서는 언어와 기호를 잘 알아 둘 필요가 있다.

5. 인간은 스스로 직접 지각하고 사유한 사물들을 언어나 기호로 표현함으로써 자기가 지각하고 사유한 것들을 다시 고찰할 수가 있고, 다른 사람들에게 알릴 수가 있다. 이런 식으로 인간은 자기의 인식을 발

전시킬 수가 있고, 다른 사람들과 공동으로 새로운 지식을 추구할 수도 있다.

6. 인간은 무한히 반복적으로 나타날 수 있는, 동일하거나 흡사한 사물들의 공통적 본질이나 본성을 파악하여 개념을 형성할 수 있다. 이 때 인간은 동일하거나 흡사한 사물들이 무한히 반복적으로 나타나는 것을 실제로 지각할 수는 없다. 그런 일은 무한히 많은 시간과 지각능력을 필요로 하기 때문에 불가능하다. 그러므로 인간은 발생하는 횟수에 제한이 없는, 동일하거나 흡사한 사물들의 공통적 본질이나 본성을 정확히 파악함으로써 참된 개념을 형성할 수 있다.

7. 인간은 자기의 정신 안에 형성된 참된 개념들과 정확한 관념들을 연결시켜 또 다른 정확한 관념들을 형성할 수 있다. 이런 식으로 인간은 참되고 체계적인 사상(思想)을 형성할 수 있다.

### [17] 아부(阿附)

인간이 자기를 보존하고 더욱 활성화하여 자기의 활성화상태를 향수하기 위한 수단으로 재물이나 권세가 있는 사람에게 의도적으로 찬사를 보내며 그의 비위를 맞추려 하는 언행을 우리는 아부라고 한다. 아부하는 사람들은 재산이 많은 부자나 권세가 있는 사람에게 아부하면서 자기 나름대로 자기의 욕망들을 충족시키기 위해 노력한다. 욕심 많고 야심적인 사람은 다른 사람들에게 알랑거려서 인정을 받고, 이를 발판으로 그들에게서 재물이나 지위를 얻고자 한다. 이 때 아부하는 사람은 자기가 원하는 것을 얻을 수 있다는 희망을 가지고 아첨할 것이다. 실제로, 아부하는 사람이 아부 받는 사람의 본성에 합치되는 언행을 함으로써 자기의 목적을 달성하는 경우는 적지 않다. 예컨대, 정치인이 선거에 임하여 유권자들을 상대할 때, 비굴한 태도를 보이며 알랑거리는 언행을 하여 많은 유권자들의 환심을 사고, 그 덕으로 마침내 선거에 당선되는 경우가 많다. 그런데 이런 사람의 비굴한 태도와 아첨하는 언행은 진심에서 우러나오는 것일 수가 없다. 왜냐하면 그가 진심으로 바라고 추구하는 것은 높은 지위와 그에 따르는 권세와 명예일 뿐, 보통 사람들과 비슷하거나 그들보다 하위의 처지에서 누군가에게 비굴한 태도로 알랑거리는 것이 아니기 때문이다. 오히려 그는 권세를 부리며 오만한 태도로 말하고 행동하기를 바라기 때문에, 일시적으로 위장술을 발휘하여 속마음과는 반대되는 언행을 보이는 것이다. 이처럼 인간이 자기를 보존하고 더욱 활성화하며 자기의 활성화상태를 향수하기 위해 노력하는 동안 자주 자기의 저의(底意)를 감춘 채 진정성 없는 태도와 언행을 보이며 아부하는 것은 자아가 비이성적이고 이기적이기 때문이다.

이성(理性)과 참된 덕을 갖춘 사람은 그 누구에게도 아부하지 않고 진실하고 담백한 자세로 사람들을 대하면서 도리에 맞게 살아간다. 그러므로 아부는 비이성적이고 이기적이며 무덕한 사람이 자기의 욕심을 채우기 위해 벌이는 그럴듯한 연기이다.

### [18] 진정한 만족과 자유

인간은 자기를 보존하고 더욱 활성화하며 자기의 활성화상태를 향수하기 위해 노력할 때 동시에 자기의 지성을 강화하고 참된 인식을 증대시켜 나가면 성장하고 발전한다. 그러나 인간이 성장하고 발전하여 진정한 자유와 만족을 향유하기 위해서는 지성을 강화하고 참된 인식을 증대시켜 나가는 것이 아주 중요하다는 것을 명확히 인식하는 사람들은 드물다. 왜냐하면 대개의 사람들은 부자가 되거나 출세를 하거나 쾌락을 즐기는 것에 마음이 쏠려 인간의 진정한 본성과 사물들의 참된 이치를 정확히 인식하는 일을 등한시하기 때문이다. 이런 사람들은 진정한 자유와 만족과 명예가 어떻게 성립하는지 잘 모르기 때문에 헛된 명예와 쾌락을 누리기 위해 극성스럽게 활동하면서 자기 나름의 희열에 빠져든다.

한편 세상에는 사물들의 참된 이치와 진실을 모르는 채로 누군가를 선망하고 숭상하는 어리석은 사람들이 워낙 많기 때문에 그들이 성립시키는 이상하고 요란한 명예도 드물지 않다. 이렇게 어리석은 사람들과 야심적인 사람들이 서로 합동하여 자주 이상한 명예를 성립시킴으로 인하여 사람들은 더욱 쉽게 그런 명예에 환장할 기회를 갖게 된다. 그러나 인간이 그런 비이성적인 명예에 환장하여 분투하는 것은 이성을 거스르는 것이며, 진정한 만족과 자유를 쫓아내는 것이다. 진정한 명예는 이성적인 사람들이 다른 이성적인 사람의 훌륭함을 인정함으로 인하여 성립하는 것이고, 이성은 사물들의 참된 이치에 관한 정확한 인식일 뿐이다. 그러므로 우리가 깊이 명심해야 할 것은 진정한 만족과 자유를 얻기 위해서는 인간의 본성과 사물들의 참된 이치에 관한 정확한 인식을 가져야만 하고 증대시켜야만 한다는 것이다.

## [19] 인간을 더욱 활성화하는 것들과 그것들 각각의 그러한 힘

인간을 더욱 활성화하여 인간이 자기를 보존하고 자기의 활성화상태를 향수할 수 있게 하는 사물들은 인간 또는 인간의 정신을 자극하여 인간에게 희열을 안겨주는 성질이 있다. 이러한 사물들이 인간의 현실적 자아를 자극하여 그것에 희열을 발생시키는 것은 대개 정해진 과정이다. 예컨대, 맛있는 과일이나 음식, 아름다운 꽃이나 멋있는 동식물, 멋진 풍경, 상쾌한 기후, 많은 재물, 화려한 주택, 명예스러운 지위, 권세, 대결에서의 승리, 타인들의 칭찬이나 존경, 멋진 예술작품, 아름다운 음악, 탁월한 지성과 인식 등은 인간 또는 인간의 정신을 자극하여 인간에게 희열을 안겨 주게 되는데, 이것은 대개 정해진 작용이다. 그러나 이런 작용들은 인간의 감각기능과 정신기능이 정상적으로 작동해야만 이루어지는 것들이다. 그리고 어떤 감각이든 마비되거나 손상된 사람은 그 감각에 의존하여 느낄 수 있는 온전한 기쁨과 즐거움을 가질 수 없을 것이고, 정신이 둔하거나 무력한 사람은 정신의 힘을 써서 감지하고 이룰 수 있는 강력한 기쁨과 만족을 지속적으로 향수할 수 없을 것이다. 이렇듯 인간에게 희열을 안겨 주는 사물들 각각이 인간에게 안겨 줄 수 있는 희열의 정도와 지속성은 그런 사물의 특성이나 역량에 의해 결정되는 것들이면서, 동시에 인간의 감각의 특성이나 정신의 역량에 의해 결정되는 것들이다. 예를 들어, 많은 재물은 그것을 가진 사람에게 여러 가지 희열을 안겨 줄 수 있는데, 그것의 주인은 그것을 감각적인 희열을 안겨 줄 수 있는 다양한 사물들을 구입하는 데에 쓸 수도 있고, 명예스러운 지위나 권세를 차지하는 데에 쓸 수도 있지만, 재물로 사물들에 관한 고차원적이고 정확한 인식 자체를 사들여 자기의 정신을 구성하게 할 수는 없으므로, 그런 인식을 써서 달성할 수 있는 강력한 기쁨과 만족을 지속적으로 향수할 수는 없다.

인간이 강력한 기쁨과 만족을 지속적으로 향수할 수 있게 해 주는 어떤 자연적 사물이 있다면 그것은 이성적 자아 그 자체 이외의 다른 어떤 것이 아니다. 왜냐하면 이성적 자아는 자연 또는 온갖 사물들에 관한 정확한 인식을 충분히 갖추려는 정신의 노력을,

그리고 정신이 그런 인식을 써서 자기를 보존하고 더욱 활성화하며 자기의 강력한 활성화상태를 지속적으로 향수하기 위하여 노력한 결과로 구축된 역량을 포함하기 때문이다. 또 사실상 인간 이외의 다른 사물들 중에는 각 인간을 보존하고 더욱 활성화하며 각 인간이 자기의 강력한 활성화상태를 지속적으로 향수하는 것을 목적으로 삼아 활동하거나 존재하는 사물이 없다.

## [20] 비이성적 감정과 이성

감정이란 정신이 자기를 보존하고 더욱 활성화하며 자기의 활성화상태를 향수하기 위한 노력이나 활동을 하는 동안 그 노력이나 활동이 어떤 원인에 의해 저해되거나 활성화되는 상태를 정신이 스스로 의식한 것이다.(제1장 31절) 그러므로 감정은 정신의 노력이나 활동을 포함하고, 정신 자체가 포함하는 표상들의 연결이나 관념들도 포함한다. 그런데 정신이 형성한 관념들 중에는 참되고 정확한 것들이 있고 그릇되고 엉성한 것들도 있다. 인간은 참되고 정확한 관념들에 근거하여 자기를 보존하고 더욱 활성화하며 자기의 활성화상태를 향수하기 위해 노력할 때 자연의 법칙과 질서를 거스르지 않고 또 자기의 진정한 본성과 상충되는 사태를 자초하지 않는다. 그래서 이것을 인식한 인간은 자기의 지성을 강화하고 자기의 인식을 완성하는 일에 애쓰게 되었는데, 이러한 노력의 결과로 정신에 형성된 능력을 우리는 이성(理性)이라고 부른다. 이러한 이성은 인간의 선을 위해 기여할 수 있는 것으로서 무제한으로 성장할 수 있고, 또 인간의 본성을 구성하는 다른 요소들처럼 어떤 병적인 것으로 변질될 가능성이 없다. 그러므로 인간은 자기를 구성하는 진정한 인식 및 능력인 이성을 최대로 발휘하여 자기를 보존하고 더욱 활성화하며 자기의 활성화상태를 유지하기 위해 노력하고 활동할 때, 가능한 방식 중에서 가장 좋은 방식으로 노력하고 활동한다. 그런데도 비이성적으로 자기를 보존하고 더욱 활성화하며 자기의 비이성적 활성화 상태를 향수하고 유지하기 위해 극성스럽게 노력하고 활동하는 사람들은 역시 비이성적인 방법으로 다른 모든 사람들(여기에는 이성적인 사람들도 포함된다)을 제압하고자 한다. 하지만 이것은 인간 사회에 불행과 불화를 안겨줄 뿐이다. 왜냐하면 그들의 노력과 활동과 방법은 비이성적인 것들이어서 인류에 대해 교활하고 거칠고 파괴적이기 때문이다. 이것을 모르는 사람은 그들에게 당하고 후회하기 십상이다.

### [21] 가치관과 행태의 답습

인간은 어떤 사물들을 가치 있게 생각하는가? 인간은 자기를 보존하고 더욱 활성화하며 자기의 활성화 상태를 향수하는 데에 도움이 되거나 쓸모가 있는 사물들을 가치 있게 생각한다. 또한 인간은 자기의 본성을 구성하는 욕구들(제1장 33절)을 충족시키는 사물들을 가치 있게 생각하며, 어떤 사물이 자기의 그 욕구들을 더 많이 충족시킬수록 그것을 더 높게 평가한다. 그런데 비슷한 환경에서 살아가는 사람들은 각자 자기를 보존하고 더욱 활성화하며 자기의 활성화상태를 유지하는 방식과 그에 관한 관념을 공유하기가 쉽다. 왜냐하면 사람들이 비슷한 환경에서 살아가면서 비슷한 욕구를 가지고 비슷한 노력을 하는 처지에서는 서로 삶의 방식과 그에 관한 관념을 수용하는 일이 자연스러울 것이기 때문이다. 따라서 사람들이 공통적으로 가치 있게 생각하는 사물이 생긴 후 그것을 이용하여 각자 자기의 욕구들을 충족시키고자 꾀하는 동안, 그 사물을 높게 평가하는 관념도 각자의 정신 속에서 굳어질 것이다. 이 때 인간이 공통의 비이성적 가치관과 행태를 이성적으로 검토하지 않고 무비판적으로 받아들이는 것을 우리는 가치관과 행태의 답습이라고 한다.

그런데 사람들이 가치관과 행태를 답습하면서 각자 자기를 보존하고 더욱 활성화하며 자기의 활성화상태를 향수하기 위해 노력하는 동안 사물들에 대해 고차원적이고 정확한 관념들을 충분히 갖지 못하면 그들 각자의 정신은 그것들 대신에 환상들과 착각들과 오류들로 채워질 수밖에 없다. 이러한 상태에서도 사람들은 각자 자기를 보존하고 더욱 활성화하며 자기의 활성화상태를 향수하기 위해 노력하겠지만 이러한 노력은 인간의 내부 및 외부의 법칙과 질서에 거의 일치하지 않을 것이다. 오히려 그러한 노력은 인간의 내부 및 외부의 법칙과 질서를 거스르다가 결국은 그것들에 굴복하고 그것들을 따르지 않을 수 없는 상황을 초래할 것이다. 이것은 인간의 능력이나 덕을 의미할 수 없다. 그리고 이러한 상태에서는 인간이 진정한 만족을 달성하고 향수하는 것이 불가능하다.

### [22] 합의와 복종

둘 이상의 사람들이 서로 의견의 일치를 이룬 것이 합의이고, 남의 명령이나 의사에 그대로 따르는 것이 복종이다. 사람들이 서로 거래나 계약을 할 때에는 합의를 이루어야 하고, 사회나 조직의 질서가 유지되기 위해서는 명령이나 규칙에 대한 복종이 있어야 한다. 그런데 사람들이 서로 거래나 계약을 하는 것은 각자 자기를 보존하고 더욱 활성화하며 자기의 활성화상태를 향수하기 위해서, 또는 자기의 욕망들을 충족시키고 이익을 얻기 위해서이다. 그러므로 사람들은 서로 거래나 계약을 할 때 각자 자기의 본성에 따라서 자기가 상대적으로 또는 일방적으로 불리한 상황에 처하지 않는 것을 전제로 합의하려 한다. 그러나 비이성적 인간은 대결의식뿐만 아니라 야욕도 가지고 있으므로, 일방적으로 유리한 상황을 향수하고 싶어 한다. 그러므로 비이성적 인간은 다른 사람과 합의를 하더라도 불공정하거나 상대를 기만하는 합의를 하고 싶어 하고 상대가 자기의 의사에 복종하기를 바란다. 또 일방적으로 유리한 상황을 향수하는 비이성적 인간은 자기의 활성화상태를 유지하기를 원하므로, 다른 사람과 거래나 계약을 할 때 공정한 합의를 이루는 것보다는 복종을 강요하기를 더 좋아한다. 그러나 일방적으로 불리한 상황에 처하는 것을 바라는 사람은 없으므로, 사람들은 일방적인 복종보다는 합의에 기초한 조건부의 복종을 추구한다. 따라서 사회나 조직의 질서를 유지하기 위해서 사람들에게 명령이나 규칙에 대한 복종을 요구할 경우에도 사람들이 서로 거래나 계약을 할 때처럼 공정한 합의에 기초한 조건부의 복종을 요구해야 한다. 그렇지 않으면 일방적으로 유리한 상황을 향수하는 사람(즉 야욕을 실행하는 사람)과 일방적으로 불리한 상황에 처하여 짓밟히는 사람이 생겨 사람들이 서로 적대관계가 된다.

### [23] 가치관과 욕망의 공유

사람들이 어떤 가치관과 욕망을 공유한다는 것은 그들이 공통적으로 필요로 하는 사물들이 있다는 것이다. 이때 사람들은 각자 자기를 보존하고 더욱 활성화하며 자기의 활성화상태를 향수하는 데에 그 사물들이 도움이 되거나 쓸모가 있다는 것을 공통적으로 의식하고 있다. 예를 들어, 사람들이 공통적으로 재물을 필요로 하고 가치 있게 생각하는 경우, 그들은 각자 재물을 이용하여 자기의 생활을 유지하며 자기의 여러 욕망들을 충족시킬 수 있다는 것을 의식하고 있다. 또 사람들이 공통적으로 우월적 지위나 비이성적 우월의식을 필요로 하고 가치 있게 생각하는 경우, 그들은 각자 우월적 지위나 비이성적 우월의식을 보유하며 그 상태에서의 자기의 활성화상태를 향수하고자 꾀하고 있다. 왜냐하면 우월적 지위라는 것은 그것을 보유한 인간이 상대적으로 또는 일방적으로 유리한 상황을 향수할 수 있게 해주는 성질이 있음으로 인하여 우월적 지위라고 일컬어지기 때문이다. 또 사람들이 공통적으로 명예나 허영을 추구하고 가치 있게 생각하는 경우, 그들은 각자 자기의 명예나 허영이 자기를 기쁘게 하거나 이롭게 하며 그 명예가 유지되는 한 그러한 기쁨과 이로움이 존속한다는 것을 의식하고 있다.

그렇지만 그 명예나 허영이 어느 때에 훼손되거나 파괴되면 자기의 만족도 그렇게 되기 때문에, 즉 잘 유지하고 있던 자기의 활성화상태를 더 이상 유지하지 못하고 나쁜 상태나 위축상태에 빠져들 수밖에 없기 때문에 명예를 소중히 여기거나 허영에 집착하는 사람은 어떻게든 자기의 명예나 허영을 유지하기 위해 노력한다. 왜냐하면 인간은 일정 수준 이상의 자기의 활성화상태를 유지하지 못하면 자기를 보존할 수 없기 때문이다(제1장 3절). 여기에서 각자는 자기의 진정한 명예를 추구하고 가치 있게 생각할 필요가 있다는 것을 우리는 알 수 있다.

### [24] 쾌락과 진정한 만족

인간이 쾌락을 추구하는 것은 직접적으로 자기를 더욱 활성화하고 자기의 활성화상태를 향수하기 위한 것이다. 그러나 인간이 종종 쾌락을 즐기고 있다고 해서 그가 진정한 만족을 누리고 있다고 말할 수는 없다. 왜냐하면 진정한 만족은 인간이 주로 자기의 정신의 힘에 근거한 활성화상태를 향수하는 것으로서 조용하고 강력하게 지속할 수가 있지만, 쾌락은 주로 인간정신의 욕구불만을 채워주는 작용을 하는 것으로서 인간을 일시적으로만 활성화할 수 있기 때문이다. 따라서 쾌락으로 인한 정신의 일시적 활성화상태가 끝나면 정신은 다시 나쁜 상태나 위축상태가 될 것이고, 자기의 능력을 충분히 발휘할 수 없게 될 것이다. 그러므로 쾌락으로 인한 자기의 일시적 활성화상태를 즐기는 사람의 정신은 강력하고 지속적인 자기의 활성화상태를 향수하기 위해 필요한 만큼의 능력을 포함하고 있지 않다.

### [25] 물욕과 탐욕

사람들은 각자 자기를 보존하고 더욱 활성화하며 자기의 활성화상태를 향수하기 위해서 다양한 사물들을 필요로 한다. 이러한 필요는 인간의 물욕의 자연적인 근거가 된다. 예컨대, 인간은 생명유지와 활동을 위해서 매일 물과 음식이 필요하고, 몸을 보호하거나 치장하기 위해서 의복이 필요하고, 안락한 옥내생활을 위해서 주택이 필요하고, 다른 욕망들을 충족시키기 위해서 다른 다양한 사물들이 필요한데, 이러한 필요들은 자연적으로 관련된 물건들에 대한 욕망, 즉 물욕을 형성시킨다. 그러므로 인간의 물욕은 어느 정도까지는 정당한 것이다. 그러나 인간이 물욕을 충족시키고 있는 동안에도 정신은 욕구불만에서 벗어나지 못하고 자기를 더욱 활성화하여 자기의 활성화상태를 향수하기 위해 노력하는 경우가 많다. 이런 경우 인간은 자기의 물욕을 무제한으로 더 많이 충족시키고자 노력하는데, 이때의 과도한 물욕을 탐욕이라고 한다. 인간이 자기의 탐욕을 충족시키면서 희열을 느끼게 되면, 재물에 환장하는 상태가 된다. 이때도 인간은 진정한 만족을 누리지 못하며, 강력하고 지속적인 자기의 활성화상태를 향수하지 못하지만, 재물의 힘으로 비교적 강렬한 활성화상태를 누리고 있으므로 재물축적에 대한 집착을 버리지는 못한다. 이런 인간은 흔히 재물의 힘을 광범위하게 이용하여 명예욕, 지배욕, 식욕, 음욕 등등을 더 많이 충족시킬 수 있게 되고, 그에 따라 재물의 가치를 더욱더 크게 평가할 것이므로, 더욱 탐욕스럽게 된다. 이런 탐욕스러운 인간이 자기의 탐욕을 충족시키고자 분투하는 것은 자기 나름대로 자기를 더욱 활성화하여 자기의 강렬한 활성화상태를 향수하고자 꾀하는 것이다. 그러므로 탐욕스러운 인간의 극성스러운 노력은 인간의 본성과 일치하는 비율만큼 자연스럽고 강렬하다. 그러나 그것은 인간의 본성과 일치하지 않는 비율만큼, 특히 이성과 일치하지 않는 비율만큼 인간을 위험하게 하거나 나쁜 상태에 빠지게 한다. 그러므로 강력한 이성을 갖춘 사람은 자기의 탐욕을 억제하거나 제거하고 이성적으로 만족할 수 있는 일을 함으로써 자기를 더욱 활성화하며 자기의 강력하고 지속적인 활성화상태를 향수하기 위해 노력한다.

### [26] 욕망, 그리고 만족의 결여

인간은 흔히 여러 가지 욕망들을 버리지 못한 상태에서 그 욕망들을 충족시키기 위해 자기 나름의 방식으로 노력한다. 이런 경우 인간은 결코 좌절감, 실망, 절망, 슬픔, 비탄, 공허함, 무의미 등을 원하지 않고 추구하지 않지만, 뜻밖에 그것들에 빠질 수가 있다. 인간이 자기의 욕망들을 충족시키기 위해 열심히 노력하고 활동하는 동안 상당한 정도의 자기의 활성화상태를 경험했다면, 그는 자기의 그 활성화상태를 계속 유지하기를 바랄 것이다. 그러나 그 동안에 그의 활성화상태가 충분히 강력하고 지속적인 것이 되지 못했다면, 그는 자기를 더욱 활성화하여 자기의 활성화상태를 향수하기 위해 노력할 것이다.

또 만약 그 동안 그가 경험했던 상당한 정도의 자

기의 활성화상태를 계속 유지하지 못하고 어느 때에 나쁜 상태나 위축상태에 빠지게 된다면, 그는 별 수 없이 좌절감, 실망, 절망, 슬픔, 비탄, 공허함, 무의미 등을 느끼지 않을 수 없게 된다. 이런 경우 그가 자기의 활성화상태를 유지하는 기간이 짧을수록 그의 자기를 활성화하는 능력은 약소하다. 또 그렇게 정신의 약한 활성화상태와 위축상태(또는 나쁜 상태)가 번갈아 나타나는 인간은 정신의 변덕스러운 상태에서 욕구불만을 극복할 수가 없게 된다. 이것은 진정한 만족이 없는 상태이며, 이것을 벗어나려는 인간의 비이성적 노력이 질투, 탐욕, 야욕, 지배욕, 허영심, 미식욕, 음욕 등으로 나타난다.

### [27] 우월의식에의 집착

인간의 정신은 열등감을 가지고 있을 때 위축되고 우월의식을 가지고 있을 때 활성화된다. 그러므로 인간은 자기를 더욱 활성화하려는 본성으로 인하여 열등감에서 벗어나 우월의식을 가지고자 노력한다. 이렇게 하여 비이성적 인간이 열등감에서 벗어나 우월의식을 느끼게 되면 자기의 활성화상태를 계속 향수하려는 본성이 발동하여 어떻게든 자기의 우월의식(또는 우월적 지위)을 유지하는 데에 도움이 되는 것들을 지지하고 취하려 한다. 그래서 이러한 비이성적 인간은 교활하거나 사악한 방법으로 다른 사람들을 대하거나 공격하기를 꺼려하지 않는다. 또한 이런 인간은 다른 사람들을 속이고 농락하고 짓밟기를 좋아하고, 불공정한 거래나 계약을 당연하게 여긴다. 이에 대해 다른 사람들의 견제를 받지 않으면 그는 자기의 야욕을 충족시키려 하고 그에 따르는 한층 더 심한 우월의식을 소유하기를 바란다. 이러한 욕망들이 실현되는 것은 국가에 불화와 불평등과 부자유를 초래한다. 따라서 다른 사람들은 정당한 권리와 자유를 누리지 못하게 되고 그만큼 그들의 정신과 신체의 활동이 저해될 것이므로, 국가의 발전과 번영도 지장을 받을 수밖에 없다.

[28] 정신의 자유와 무제한적 성장

인간의 정신은 충분히 이성적이지 않은 상태에서도 자기를 보존하고 더욱 활성화하며 자기의 활성화상태를 향수하기 위해 노력한다. 그러나 이성이 확립되지 않은 정신은 자기의 활성화상태를 지속적으로 향유하지 못함으로 인해 때때로 위축상태에 빠져들 수밖에 없고, 따라서 슬픔을 느끼지 않을 수 없다. 이 슬픔은 인간의 정신이 자기를 활성화하는 데에 어느 정도 도움이 되는 어떤 사물을 사랑하다가 그것이 더 이상 자기를 활성화하지 않음으로 인해 정신의 활동이 위축되고 그만큼 활동성이 감소되는 것이다. 이 때 인간의 정신이 그 사물의 그러한 본성을 명확히 인식하지 못한 상태에서 그 사물에 집착한다면 슬픔은 충분히 극복될 수 없다. 이것은 사랑받는 사물의 본성에 대한 명확하지 못한 인식과 그에 따르는 불가피한 슬픔이 인간의 정신에 필연적으로 존재해야함을 나타내기 때문에, 인간정신의 덕이나 자유를 의미할 수 없다. 말하자면 인간의 정신이 자기의 명확하지 못한 인식에 구속되어 자기를 보존하고 더욱 활성화하며 자기의 강력한 활성화상태를 지속적으로 향수하려는 정당한 목적을 달성하지 못하고 때때로 슬픔에 빠지는 것은 정신의 능력부족을 나타내기 때문에, 그러한 정신은 유덕하다거나 자유롭다고 말해질 수 없다.

그러나 인간의 정신은 이성에 근거하여 자기를 보존하고 더욱 활성화하며 자기의 강력한 활성화상태를 지속적으로 향수할 수 있을 때 자유롭다. 또 이렇게 인간의 정신이 자기의 강력한 활성화상태를 지속적으로 향수하는 동안에는 정신의 인식작용이 저해되지 않으므로, 정신의 인식이 부단히 발전함에 따라서 정신은 무제한적으로 성장한다.

### [29] 미신에 빠지는 인간

모든 인간은 태어날 때 아무것도 모르는 채로 태어나지만, 그 순간부터 인간은 독립된 자기를 보존하고 더욱 활성화하며 자기의 활성화상태를 향수하기 위해서 노력하지 않을 수가 없다. 왜냐하면 인간은 일정 수준 이상의 자기의 활성화상태를 유지하지 못하면 자기를 보존할 수 없기 때문이다(제1장 3절). 또 인간은 무지하거나, 조잡하거나 그릇되거나 또는 정확하지 못한 인식을 가지고 있는 동안에도 자기를 보존하고 더욱 활성화하며 자기의 활성화상태를 향수하기 위한 노력을 그만두지 않는다. 이런 경우 인간은 허황된 희망이나 합리적 근거가 없는 두려움을 가진 채로 그런 노력을 할 수가 있지만, 스스로 올바른 판단을 하기 위해 필요한 이성과 정확한 인식이 결여되어 있으므로, 자기의 부실한 사고력을 발휘하고 다른 사람의 부정확하고 비합리적인 생각을 받아들여 믿으면서 하는 그런 노력은 강력하고 지속적인 자기의 활성화상태를 달성할 수 없다. 그래도 인간은 자기를 보존하고 더욱 활성화하며 자기의 활성화상태를 향수하는 일에 집착하고 어떻게든 그 일에 성공하기를 바라므로, 인간은 비이성적일수록 미신에 의존하려는 욕구가 강하게 발동한다. 미신에 의존하는 인간은 이성과 정확한 인식이 결여되어 있을 뿐만 아니라 정신적 안정감과 자신감도 부족하므로, 미신을 믿음으로써 불합리한 희망을 갖고 미래에 닥쳐올지도 모를 불행이나 재앙을 피해 보려고 한다.

[30] 인간에 대한 숭배와 존경

비이성적인 인간이 다른 어떤 사람을 특별하고 대단하다고 생각하며 그 사람을 숭배하고, 또 자기를 보존하고 더욱 활성화하며 자기의 활성화상태를 향수하는 것이 그 사람 덕분이라고 여기는 한, 그는 그 사람을 자기의 활성화상태와 같이 소중히 생각한다. 그런데 비이성적인 인간은 진리나 정의보다 자기의 활성화상태를 향수하는 것을 더 소중히 여기므로, 이와 마찬가지로 자기의 숭배를 받는 사람을 진리나 정의보다 더 소중히 여기며 지키고자 한다. 그러므로 어떤 사람을 숭배하는 비이성적인 인간들이 다수인 국가는 진리나 정의보다 사적인 이익과 부귀영화를 추구하는 자들에 의해 어지럽혀진다.

그러나 이성적인 사람은 특별하고 대단하다고 생각되는 다른 어떤 사람을 숭배하기보다는 존경한다. 물론 비이성적인 인간도 다른 어떤 사람을 숭배하면서 자기는 그 사람을 존경한다고 말하겠지만 표현은 같을지라도 그 내용은 크게 다르다. 이성적인 사람은 다른 사람이 이성적인 사람으로서 본받을 만한 점이 있으며 인류의 이성적 욕구들을 충족시키는 데에 이바지한 경우에 그 사람을 존경하지만, 비이성적인 인간은 주로 어떤 사람이 남다른 권력, 명성, 재산 등등을 소유했다는 이유로 부러워하며 자기의 비이성적인 욕망들을 무제한으로 채울 수 있다는 희망을 품고 그 사람을 역할모델로 삼을 때 그 사람을 숭배한다. 말하자면 비이성적인 인간은 온갖 억제와 제한을 벗어나서 마음껏 욕심을 채울 수 있는 상태를 가장 좋은 것으로 여기고 전력으로 추구하기 때문에, 그것을 달성한 사람을 가장 대단한 존재로 평가하고 숭배하는 것이다. 그러나 이성적인 사람은 많은 비이성적인 사람들의 숭배를 받는 사람을 이성적인 관점에서 냉철하게 평가하므로 함부로 숭배하는 일이 없다.

**[31] 인간이 신에 대하여 느끼고 생각하는 방식들**

어떤 사람은 자신이 이해할 수 없는 특별하고 신기한 사물을 경험했을 때 자기 안에 생기는 기묘한 느낌에 의해 자극되어 그 사물을 자기 나름대로 신에 관련시켜 생각하게 된다. 이런 사람은 평소에 흔히 경험하는 사물들을 신에 관련시켜 생각하는 일이 거의 없다. 왜냐하면 그가 그런 사물들을 경험할 때에는 그의 정신 안에 기묘한 느낌이 생기지 않기 때문이다. 그러므로 그가 가지는 신에 대한 생각은 특별하고 신기하게 여겨지는 사물을 경험할 때 생기는 기묘한 느낌의 산물이다. 말하자면 그는 특별하고 신기한 사물은 인간의 지성으로는 도저히 이해할 수 없는 것이므로, 전지전능한 신이 직접 나서서 발생시킨 것이라고 생각한다. 그러나 이런 사람은 너무나 제멋대로 사물들을 판단하며 느끼고 있다. 그는 신이 특별하고 신기한 사물들만을 지배하고 그 외의 다른 사물들을 방치하는 것처럼 생각한다. 그리하여 그는 사물들을 신에 관련시켜 생각하는 데 있어서 자기 멋대로 그것들을 차별한다. 여기에는 이성적으로 긍정할 만한 아무런 근거도 없다. 그는 단지 이렇고 저런 사물들을 경험할 때 자기의 정신 안에 기묘한 느낌이 생기느냐 생기지 않느냐에 따라서 사물들을 신적인 것으로 보기도 하고 무심히 지나치기도 한다. 그러므로 그는 자기의 정신 안에 기묘한 느낌이 생기지 않으면 사물들을 신에 관련시켜 생각하거나 고찰할 마음을 갖지 않는다. 그래서 그는 자신이 이해할 수 없는 특별하고 신기하고 유익한 자연의 조화(造化)를 '기적'이라고 부르고, 오직 기적이 일어났을 때에만 신이 존재하고 활동하는 것처럼 생각하기도 한다. 이처럼 특별한 때나 장소에만 존재하고 인간을 위해 활동하는 신은 인간의 감각과 욕망들이 반영된 인간적인 신일뿐이다.

그러나 언제 어디서나 온갖 사물들을 절대적으로 결정하고 지배하는 신을 냉철하게 고찰한 사람들도 있었다. 이들 각자는 신학자로서보다는 철학자로서 신 또는 우주적 자연을 최고도로 발전되고 강화된 지성을 발휘하여 최대한 이해하기 위해 노력했다. 그들은 보통사람들과는 반대로 누구나 흔히 경험할 수 있는 사물들을 경이로운 관점에서 관찰하고 그것들에 관한 고차원적이고 정확한 인식을 달성하였다. 이 고차원적이고 정확한 인식은 인간이 보다 확실하게 자기를 보존하고 더욱 활성화하며 자기의 활성화상태를 향수할 수 있게 하는 힘이 있다. 왜냐하면 인간이 무제한으로 성장할 수 있는 자기의 지성을 최대한으로 발전시키고 강화하여 씀으로써 달성된 그러한 인식은 인간이 자기를 보존하고 더욱 활성화하며 자기의 강력한 활성화상태를 지속적으로 향수하기 위해서 노력하는 중에 생긴 것이기 때문이다. 그러므로 인간의 지성이 달성한 고차원적이고 정확한 인식은 인간의 그 노력에 부합하는 만큼 고귀하다고도 할 수 있다.

### [32] 자연상태와 시민상태

인간은 비이성적이고 이기적인 한에 있어서 진리나 정의보다 자기의 활성화상태를 향수하는 것을 더 소중히 여기므로 합의에 근거한 규정에 따라서 행동하기보다는 제멋대로 행동하기를 더 좋아한다. 아니 태어날 때부터 충분히 이성적인 사람은 아무도 없으며, 그럼에도 불구하고 인간은 언제나 자기를 보존하고 더욱 활성화하며 자기의 활성화상태를 향수하기 위해 노력하므로, 인간은 천성적으로 제멋대로 행동하는 존재이다. 만약 비이성적이고 이기적인 각 인간의 자연적 행동양상이 제멋대로가 아니라면, 각 인간이 본성적으로 자기를 보존하고 더욱 활성화하며 자기의 활성화상태를 향수하기 위해 노력함에 있어서 노력의 주체와 객체는 자기가 아닌 것이 될 것이다. 이렇게 되면 각 인간은 본성적 노력을 게을리 하거나 전혀 하지 않아도 자기를 보존하고 활기를 유지할 수가 있을 것이다.

그러나 각 인간은 매일 물과 음식을 섭취해야 하고 산소를 들이마셔야 하고 잠을 자야하고, 근력과 활력을 유지하기 위해 운동을 해야 하고, 여러 욕구들을 충족시키기 위해 활동해야 일정수준 이상의 자기의 활성화상태를 유지할 수 있고 자기를 보존할 수 있다. 그러므로 각 인간은 어떻게든 자기를 보존하고 더욱 활성화하며 자기의 활성화상태를 향수하기 위한 노력을 그만둘 수 없다. 그런데 각 인간의 자아는 자연적으로 서로 분리되어 있고 하나로 통합될 수도 없으므로, 각자는 서로 분리된 채로 자기를 보존하고 더욱 활성화하며 자기의 활성화상태를 향수하기 위한 노력을 할 수밖에 없다. 또 비이성적이고 이기적인 인간은 그런 노력을 하는 중에 자기의 본성적 욕망들(제1장 33절)을 무제한으로 충족시키기 위해 노력할 것이므로, 자연적으로 다른 사람과 충돌하고 대립하고 싸우게 된다. 특히 사람들은 탐욕과 과도한 명예욕(허영심)과 야욕 때문에(제1장 22, 27, 34절) 서로 적이 된다. 이런 상태가 바로 자연상태인데, 이것은 이성적인 시민들의 합의에 근거한 규정이 일반적으로 적용되는 시민상태와 구별된다. 여기서 충분히 이성적이지 않은 시민들의 합의에 근거한 규정이 일반적으로 적용되는 상태도 생각해본다면 그것은 어설픈 시민상태일 수밖에 없다. 어설픈 시민상태는 국민들을 화합시키는 데에, 자유롭게 하는 데에, 안전하게 하는 데에, 만족스럽게 하는 데에 불충분한 것이 되어 국민들을 괴롭힐 것이다. 그러므로 충분히 이성적이지 않은 시민들의 국가는 각자가 자기를 보존하고 더욱 활성화하며 자기의 활성화상태를 향수하기 위해 필요한 인식이 부족한 공동체가 아닐 수 없다.

그러나 이성적인 시민들은 사람들이 서로 적이 되어 싸우는 자연상태가 모두에게 해로운 것임을 이해하고 사람들이 서로 화합하여 공통의 이익과 자유와 안전과 만족을 위해 행동하도록 사람들을 제한하고 고무하는 합의규정을 만든다. 사람들은 그 규정을 보다 완전하게 만들수록 더욱 이성적이다. 그리고 보다 완전한 합의규정을 가진 국민들은 더욱 안전하고 자유롭고 풍요롭고 만족스러운 삶을 향유할 수 있다.

## [33] 인간들의 집단행동과 힘의 균형

사람들이 뭉쳐서 집단적으로 행동할 경우에는 어떤 공통의 목적, 사상, 믿음, 감정 등이 있어야 결속력을 유지한다. 사람들은 공통의 권리나 이익을 추구하고 있을 때, 또는 공통적 우월의식, 공통적 신념, 공통적 증오나 환장 등을 가지고 있을 때, 기꺼이 뭉쳐서 집단적으로 행동하고자 한다. 말하자면 사람들은 자신들의 자아들에 형성된 공통적인 것에 의하여 서로 일치되는 행동방식을 취하고자 한다. 이런 경우 사람들의 자아들은 서로 분리되어 있고 하나로 통합될 수 없음에도 불구하고, 공통적인 것에 의하여 어느 정도는 마치 하나로 통합된 것처럼 활동할 수 있다. 그런데 인간은 비이성적이고 이기적인 한에 있어서 진리나 정의보다 자기의 활성화상태를 향수하는 것을 더 소중히 여기므로, 비이성적이고 이기적인 사람들이 기꺼이 뭉쳐서 집단적으로 행동할 때에는 진리나 정의가 무시되기 마련이다. 따라서 비이성적이고 이기적인 사람들이 공통적인 것들에 의하여 기꺼이 뭉쳐서 집단적으로 행동하는 경우에는 그들의 수가 많을수록 국가는 더욱 위험해지고 혼란스러워진다. 그러므로 국가의 안전과 평화, 화합과 번영을 위해 비이성적이고 이기적인 사람들이 불량한 사상과 목적을 가지고 뭉쳐서 집단적으로 행동하면서 이성적이고 선량한 사람들을 압도하지 못하도록 통제될 필요가 있다.

그러나 비이성적이고 이기적인 사람들이 주장하는 그릇된 사상과 목적에 대부분의 국민들이 동조하는 경우에는 그들을 통제할 세력이 국가 내에 형성될 수 없다. 따라서 이런 국가는 쉽게 비민주적인 정권을 가지게 되고, 군사력이 강하면 공격적이고 호전적인 국가가 되어 타국을 침공하기를 좋아한다. 왜냐하면 인간은 비이성적이고 이기적인 한에 있어서 탐욕과 야욕과 지배욕 등등을 자제하지 않고 오히려 그 욕망들을 더 많이 충족시키기 위해 힘껏 노력하기 때문이다. 그러한 이유로, 공동체의 안전과 평화, 화합과 번영을 위해서는 과도하고 부당한 욕망들을 충족시키기 위해 힘껏 노력하는 인간의 행동이 통제되어야 한다. 이 일은 대부분 법과 도덕에 의해 이루어지겠지만, 때때로 권세 있는 사람들이 자기들의 이익을 위해 법과 도덕을 무력화시키고 싶어 하는 경우들이 있을 수 있고, 더 나아가 자기들에게 일방적으로 유리한 법을 만들어 다른 사람들에게 강요하는 경우들도 있을 수 있기 때문에, 이런 경우들이 실제로 생기는 것을 방지하려면 권세 있는 사람들이 분립되어 서로 힘의 균형을 이루고 있어야 한다. 뭉쳐서 집단적으로 행동할 수 있는 다수의 국민들도 권세가 있고, 국가의 통치를 담당하고 있는 사람들도 권세가 있으므로, 이들 사이에는 힘의 균형이 있어야 한다. 말하자면 권세가 있는 소수 또는 다수의 사람들은 다른 소수 또는 다수의 사람들로부터 견제를 받아서 일방적으로 유리한 상황을 향수할 수 없도록 제한되어야 한다.

### [34] 신(神)과 우주적 자연

자연 안의 특별한 사물들에 대해서만 지배력을 행사하고 특별한 사람들에게만 은혜를 베푸는 신은 인간의 편협한 사고와 욕망들이 반영된 신이다. 우주적 자연과 일치하는 신은 모든 사물들을 항상 어디서나 차별 없이 지배하고 있고 특정한 사람들을 편애하는 일이 없다. 아니 신은 아무도 사랑하지 않고 아무도 미워하지 않는다. 신은 자기를 보존하고 더욱 활성화하며 자기의 활성화상태를 향수하기 위해 노력하는 일이 없다. 신은 외부 사물의 작용을 받아 위축되거나 또는 더욱 활성화되는 일이 전혀 없다. 그러므로 신에게는 어떠한 감정도 욕망도 있을 수 없다. 신은 우주적 자연 안에 있는 모든 사물들을 절대적으로 결정하지만 다른 그 어떤 것에 의해서도 결정당하지 않는다. 신에게는 모든 사물들과 그것들을 절대적으로 결정할 수 있는 능력이 속한다. 자연에 존재하는 사물들 중에서 신의 지배를 받지 않고 신에 의해 일정한 방식으로 존재하고 작용하도록 결정되지 않는 사물은 아무것도 없다. 신은 영원히 존재하고 모든 사물들을 영원히 결정한다. 우주적 자연은 모든 자연적 사물들과, 그것들을 결정하는 법칙들 및 질서를 포함하고 있다. 자연적 사물들 중에서 자연의 법칙들과 질서를 어길 수 있는 것은 아무것도 없다. 자연의 모든 현상들은 자연의 법칙들과 질서에 따라서만 발생한다. 그러므로 우주적 자연은 자체를 절대적으로 결정하고 다른 그 어떤 것에 의해서도 지배당하지 않는다. 따라서 우주적 자연 안의 신은 우주적 자연 자체일 뿐이다.

### [35] 영원한 진리

신은 영원히 존재하고 모든 사물들을 영원히 결정한다. 그러므로 신이 모든 사물들을 영원히 결정한다는 것을 나타내는 일정한 원리들과 법칙들은 영원한 진리들이다. 우리가 정확히 알고 있는 한에 있어서의 자연의 법칙들과 인간의 본성에 관한 원리들도 영원한 진리에 속한다. 영원한 진리는 시간이 흐름에 따라서 또는 장소가 달라짐에 따라서 변경되지 않는다. 그러나 실재하는 많은 사물들은 시간의 흐름에 따라서 또는 다른 사물들과 상호작용하여 변화하는 일이 많다. 시간의 흐름과 사물들의 상호작용은 함께 일어나면서 수많은 자연물들의 변화들을 야기한다. 어떤 사람들은 자연적 사물들의 변화무쌍함을 경험하고 '변하지 않는 것은 아무것도 없다'라고 단언하기도 하지만, 같은 사물들에 대하여 되풀이되는 것 또는 변함없이 항상 존재하거나 성립하는 것을 명확히 인식한 사람들도 있었다. 결국 사람들은 변하는 것들과 변하지 않는 것들을 함께 지각하고 인식할 수 있다. 이러한 능력 덕분에 인간은 변화무쌍한 환경 속에서 자기를 보존하고 더욱 활성화하며 자기의 활성화상태를 향수하기 위한 활동을 지속할 수 있다. 그러므로 인간은 사물들을 정확히 지각하고 인식하는 능력을 충분히 발휘하지 못하면 자기의 본성적 욕구들을 효과적으로 그리고 조화롭게 충족시키기가 어렵다. 이것을 현명한 사람은 잘 알고 있었기 때문에, 자기의 지성과 인식을 완성하기 위해 끊임없는 노력을 했다.

그러나 어리석은 사람은 사물들을 정확히 지각하고 인식하는 것보다는 자기의 다른 욕망들을 무제한으로 충족시키는 것에 마음이 쏠려 있기 때문에, 참된 인식을 등한시하고 그것의 가치도 잘 이해하지 못한다. 그렇지만 어리석은 사람도 자기 나름대로 자기의 교활성을 발전시켜 나간다. 그리하여 그는 교활함으로 다른 사람들을 압도하고자 노력한다. 이러한 교활한 자에게 제압당한 사람들은 자신들의 정당한 권익을 짓밟히고 필연적으로 불행해진다.

### [36] 영원 속의 필연성

영원이란 시간의 무한정한 지속이다. 그러므로 그 어떤 시점이라도 영원 속에 포함되지 않을 수 없다. 영원 속의 필연성이란 영원히 존재하는 신에 의해 영원히 결정된 모든 사물들의 필연적 성질이다. 그러나 필연적 사물들 이외의 가능적 사물들과 우연적 사물들에 대해서도 필연성을 긍정할 수 있는지가 문제일 것이다. 미래에 어떤 사물이 발생하는 것이 가능하다고 판단된다면 인간은 단지 그것이 발생할 가능성을 0%보다 크고 100%보다 작은 확률로만 알고 있다. 그러므로 어떤 사물의 발생에 대해 단지 가능성만을 알고 있는 인간은 그것의 발생 여부에 대해 결코 확언하지 못한다. 그런데 이런 경우 인간이 사물의 발생에 대해 확언하지 못하는 것은 사물의 발생장소와 시점을 제한하거나 특정하기 때문이다. 그러나 확실히 발생 불가능한 사물이 아닌 한 어떤 장소에서든 어떤 시점에든 반드시 발생한다. 말하자면 사물의 발생 장소도 시점도 제한하거나 특정해서 고려하지 않으면 발생 불가능한 사물이 아닌 한, 가능적 사물은 영원히 존재하는 신의 영원성 속에서 반드시 발생한다. 다시 말하면 어떤 사물이 그 어떤 장소에서 그 어떤 시점에 발생하더라도 신의 지배영역을 벗어날 수가 없고 그 어떤 시점이든 신의 영원성 안에 포함되지 않을 수가 없다. 그러므로 영원히 존재하며 모든 사물들을 영원히 결정하는 신의 지배영역 안에서 가능적 사물들은 필연적인 사물들일 뿐이다.

또 인간이 어떤 사물의 발생에 대해 가능성도 모르고 인과론적으로 아는 것이 아무것도 없는 상태가 지속될 때 인간은 그 사물을 우연적인 것이라고 부른다. 그러나 영원히 존재하며 모든 사물들을 영원히 결정하는 신의 지배영역 안에서 발생한 사물은 어떠한 우연적인 것이라도 신의 영원성 속에서 필연적으로만 발생한다. 말하자면 신의 지배영역 안에서 발생한 사물들은 가능적인 것이든 우연적인 것이든 영원 속에서 반드시 발생하는 것이기 때문에 필연적인 사물이 아닐 수가 없다. 다시 말해서 영원히 존재하는 신의 지배영역 안의 모든 사물들은 필연적으로 결정된 것들로서만 발생한다. 만약 이것이 아니라면 우연적 사물은 우주적 자연 안의 그 어떤 사물로부터도 작용을 받지 않고 또 그 어떤 사물과도 상호작용을 하지 않는 것으로서 영원히 존재할 것이다. 따라서 우연적 사물은 영원불변하는 것이어야 한다. 그런데 우주적 자연 안에서 영원불변하는 사물은 필연적인 것일 수밖에 없다. 이것은 모순이다.

[37] 초자아와 자발성

비이성적이고 이기적인 인간이 부당하고 과도하게 자기를 더욱 활성화하며 자기의 활성화상태를 향수하기 위해서 노력하는 경우에는, 다른 사람의 정당한 권리나 이익을 등한시하므로, 그것을 쉽게 침해한다. 이것을 방지하기 위해서 사람들은 도덕, 법, 규칙 등을 만들어서 서로에게 권하고 강제한다. 이것이 각자의 정신에 새겨져 내면화된 것을 두고 어떤 사람은 초자아라고 일컬었다. 그러므로 초자아라는 것은 인간의 정신에 자리를 잡고, 인간이 비이성적이고 이기적인 한에 있어서, 부당하고 과도한 노력이나 행동을 하지 못하도록 자아를 억제하는 역할을 하는 것이다. 이러한 초자아는 인간의 본성을 필요한 만큼 억제하고자 하는 외부의 작용력의 산물이다. 그러나 인간의 자발성은 인간이 자기를 보존하고 더욱 활성화하며 자기의 활성화상태를 향수하기 위해 필요하다고 생각되는 것을 기꺼이 행하고자 하는 경우에 성립한다. 그러므로 만약 비이성적이고 이기적인 한 인간이 자기를 보존하고 더욱 활성화하며 자기의 활성화상태를 향수하기 위해서 기꺼이 부당하고 과도한 노력이나 행동을 한다면, 이것은 그의 자발성을 나타낸다. 그런고로 초자아와 비이성적이고 이기적인 인간의 자발성은 상충된다. 따라서 비이성적이고 이기적인 인간의 자발성이 증대할수록 그의 초자아는 미약해진다. 이것은, 초자아가 정당한 것인 한, 바람직하지 않다.

그런데, 만약 한 인간의 초자아가 그의 욕망들을 압도하고 있다면, 그는 도덕, 법, 규칙 등이 요구하는 것을 충실히 이행하겠지만 자발적인 행동은 많이 하지 않을 것이다. 이러한 동안 그가 자기를 보존하고 더욱 활성화하며 자기의 활성화상태를 향수하기 위해 필요한 것들을 실행하지 못하게 되면 그의 본성은 초자아와 충돌할 것이다. 이 경우 그의 현실적 자아의 본성이 지속적으로 초자아에게 압도당한다면 그는 자발성을 거의 잃어버리고 살아갈 것이다. 그러나 그가 초자아를 용납하면서도 그것에 압도당하지 않고 자기를 보존하고 더욱 활성화하며 자기의 활성화상태를 향수하기 위해 필요한 것들을 기꺼이 실행해 나간다면 그는 자발성을 발휘하며 살아갈 것이다. 특히 그가 이성을 갖춘 사람이라면 그는 진정한 자발성을 발휘하며 능동적인 삶을 살아갈 것이다. 그러므로 초자아와 자발성은 한 인간의 정신에 공존하면서 균형을 이루고 있어야 인간을 건전하게 한다.

## [38] 현실과 꿈 또는 진리와 허위

인간의 정신은 꿈꾸고 있는 동안 자기가 꿈꾸고 있음을 인식하지 못하고, 자기의 신체와 외부의 사물들도 거의 감각하지 않는다. 그러나 꿈속에서 정신은 스스로 형성한 표상들을 마치 현실인 것처럼 보고 듣고 느낀다. 이 때 정신은 자기의 기능들 중 일부만을 발휘하며 꿈을 꾼다. 꿈꾸고 있는 동안에 인간의 정신은 현실을 정확히 인식하기 위해서 충분히 발휘해야 할 지각능력, 기억력, 상상력, 판단력, 추리력 등의 능력들을 거의 발휘하지 못한다. 그런데 인간이 깨어있는 동안에도 정신이 감각한 것들과 상상한 것들, 기억하고 있는 것들을 사물들의 관계에 맞게 정확히 연결하지 못하는 경우들이 있다. 이렇게 정신이 표상들을 엉성하고 혼란스럽게 연결하면 꿈을 꿀 때처럼 그 표상들 속에 갇힌 채 자기가 형성한 표상들을 통해 사물들을 상상하고 판단하지만, 그 관념들은 실제의 현상, 사건, 작용, 변화와 일치하지 못한다. 결국 그 관념들은 허위의 관념으로 판명될 수밖에 없다.

그러나 진리를 나타내는 참된 관념은 실제의 현상, 사건, 작용, 변화와 정확히 일치하며 그것들을 원인의 관념과 결과의 관념의 필연적 연쇄로써 명확히 밝혀준다. 또 어떤 참된 관념이 무한히 반복될 수 있는 실제의 현상, 사건, 작용, 변화에 관한 것이라면, 그 참된 관념은 영원한 진리이다. 인간의 정신이 여러가지 참된 관념들을 형성할 수 있는 것은 정신이 대단히 많은 사물들의 심상들을 정확히 기억하고 있다가 그것들을 체계적으로 또는 논리적으로 연결하여 그 사물들이 나타내는 실제의 현상, 사건, 작용, 변화와 정확히 일치하는 관념을 마침내 형성할 수 있기 때문이다.

[39] 정의(正義)

정의(正義)란 각자가 온건하게 자기를 보존하고 더욱 활성화하며 자기의 활성화상태를 향수할 수 있도록 보장되는 것이다. 정의와 일치하는 것은 감정을 제어할 수 있는 이성(理性)과 타인에 대한 사랑, 배려, 존중, 이해 등이며, 정의로 인해 개인들의 안전과 발전과 행복뿐 아니라 공동체의 안전과 평화와 화합과 번영도 보장된다. 반면에 정의와 반대되는 것은 이성에 의해 제어되고 있지 않은 감정들과 타인에 대한 미움, 무시, 경멸, 무지이며, 불의로 인해 개인들의 불안과 피해와 불행뿐 아니라 공동체의 불안, 혼란, 쇠퇴, 불화도 초래된다. 이성(理性)의 명령에 따라서 행동하는 인간은 과도하고 비이성적인 욕망들을 자제할 수 있고, 각자가 온건하게 자기를 보존하고 더욱 활성화하며 자기의 활성화상태를 향수하기 위해 노력하는 것을 지지한다.

그러나 이성의 명령에 따르지 않고 비이성적으로 행동하는 인간은 과도하고 비이성적인 욕망들을 자제하기보다는 오히려 그 욕망들을 더 많이 충족시킴으로써 과격하게 자기를 보존하고 더욱 활성화하며 자기의 활성화상태를 향수하고자 하며 다른 사람들의 정당한 권익을 침해하는 것을 개의치 않는다. 실로, 비이성적이고 이기적인 인간은 다른 사람들의 고통, 손해, 불행을 자기의 쾌감, 이익, 행복으로 바꾸는 것을 좋아한다. 그러므로 비이성적이고 이기적인 인간은 불의를 즐기고 정의를 싫어하는 경향이 있다.

## [40] 인간적인 덕 또는 자유

인간이 온건하게 자기를 보존하고 더욱 활성화하며 자기의 활성화상태를 향수하기 위해 노력할 수 있고, 자기의 노력과 능력만큼 그 목적을 달성할 수 있을 때 인간적인 덕 또는 자유가 존재한다. 그런데 비이성적이고 이기적인 인간의 자아에서는 진리나 정의를 소중히 여기는 마음보다 현실적 자아를 보존하고 더욱 활성화하며 자기의 활성화상태를 향수하고자 하는 마음이 더 왕성하다. 왜냐하면 비이성적이고 이기적인 인간의 현실적 자아는 참된 인식과 합리주의가 크게 부족하고, 스스로 그 상태를 벗어나기가 거의 불가능한 상태에서 본성을 발동시키기 때문이다. 반대로 이성적인 인간의 자아는 참된 인식이 풍부하고 그것을 바탕으로 한 합리주의를 발휘하는데, 이것으로 말미암아 이성적인 인간은 자기의 본성을 거스르지 않으면서 자기의 강력한 활성화상태를 지속적으로 향수할 수 있다. 이것은 인간적인 덕 또는 자유라고 할 수 있는 것이다.

그러나 비이성적인 사람들은 저마다 자기의 욕망들을 무제한적으로 충족시킬 수 있을 때 자기 나름대로 가장 강렬한 활성화상태를 경험할 수 있기 때문에 그러한 상태에서 자기가 가장 유능하고 자유롭다고 생각한다. 그리하여 그는 자기의 희열을 과대평가하게 되고 진리든 정의든 뭐든 그것보다 소중하지 않다는 생각에 빠져든다. 비이성적인 인간의 현실적 자아는 그런 식으로 자기의 강렬한 활성화상태에 집착하고 그것을 지속하거나 반복해서 경험하고자 노력하기 때문에, 비이성적인 인간의 행태는 많은 무리와 모순과 불합리를 수반한다. 이것이 바로 인간적인 덕과 자유를 파괴하는 것이다.

[41] 자유인과 비자유인

자유인이란 인간과 사물들에 대해 참된 인식을 풍부하게 지닌 상태에서 자기를 보존하고 더욱 활성화하며 자기의 활성화상태를 향수하기 위해 노력하고, 또 자기의 강력한 활성화상태를 지속적으로 향수하는 사람이다. 비자유인이란 인간과 사물들에 대해 참된 인식을 지니지 못한 상태에서 자기를 보존하고 더욱 활성화하며 자기의 활성화상태를 향수하기 위해 노력하지만, 자기의 어떤 불안정한 활성화상태와 나쁜 상태에서 벗어나지 못하는 사람이다. 노예란 인간과 사물들에 대해 모르고 착각하는 상태에서 자기를 보존하고 더욱 활성화하며 자기의 활성화상태를 향수하기 위해 노력하지만, 자기의 활성화상태를 거의 향수하지 못하고 위축상태에 빠져 있는 사람이다.

그런데 다수의 노예들이 집단적으로 우월의식을 가지는 경우도 있고, 많은 비자유인들이 우월의식을 가지고 오만하게 행동하는 경우도 있는데, 그러한 경우들은 다소 불합리성이 있다. 말하자면, 예속된 노예들의 우월의식이나 비자유인들의 우월의식과 오만함은 실제적인 고귀함이나 탁월함에 근거한 것이 아니라 병적인 정신상태로 말미암은 것이다. 그런데 사실 참된 인식이 풍부하고 이성적인 자유인은 하여간에 우월의식이 없고 오만하지도 않다. 다만 자유인은 우월의식과 오만함 대신에 자부심과 냉철함을 가지고 있다. 그래서 자유인은 교묘한 말재주로 타인에게 아부하지도 않고, 비천하게 굽실거리지도 않으며, 오만한 태도를 보이지도 않는다. 그러나 비자유인들과 노예들은 진정한 만족을 향유하지 못함으로 인해 더욱 조급하게 희열을 필요로 하고, 따라서 비이성적이거나 병적인 자세도 쉽게 취하게 된다. 비자유인들과 노예들의 집단적 우월의식은 강렬하고 지속적일수록 광기의 표출일 뿐이다. 특히 교활한 독재자에 의해 세뇌당하고 선동당한 비자유인들과 노예들의 집단적 우월의식은 명백히 광기가 아닐 수 없다. 독재자들은 흔히 대중들로 하여금 어떤 비이성적인 집단적 우월의식과 적의(敵意)를 갖게 함으로써 용이하게 대중들을 흥분시키고 자기의 주장에 동조하게끔 유도한다. 노예적인 인간은 평소에 위축상태(자부심이 결핍되고 우월의식에 굶주려 있는 상태)에 처해 있다가 교활한 인간에 의해 어떤 비이성적인 우월의식과 적의를 갖도록 유도당하면, 고양상태(高揚狀態)를, 즉 자기의 비이성적 활성화상태를 경험하게 된다. 이런 경우 노예적인 인간의 경험은 본성적 노력과 일치하는 성질이 있기 때문에, 그는 자기의 그 비이성적 활성화상태를 반복하거나 유지하거나 더욱 강화하기 위해 노력한다.(제1장 16절, 39절) 이런 이유로 많은 노예적인 인간들은 교활한 자에 의해 쉽게 선동되어 사악한 행동에 빠져든다. 이것이 세상을 추악하게 하고 혼란스럽게 하는 것이다.

## [42] 정신과 신체

정신은 인간의 지각능력, 기억력, 상상력, 판단력, 추리력 등이 통합적으로 작용할 때 성립하는 것이다. 어떤 이유로 정신기능의 일부가 작용하지 않을 때는 온전한 정신이 성립할 수 없고, 비정상적이거나 손상된 정신이 활동한다. 정신이 자기를 보존하고 더욱 활성화하며 자기의 활성화상태를 향수하기 위해 노력하는 동안, 정신에 포함되어 있는 표상들과 관념들은 서로 연결되고 정리된다. 이때 그 목적에 기여하는 그것들은 다른 것들보다 서로 더 잘 연결되고 정리된다. 이로써 정신은 그 목적을 더욱 효과적으로 달성하고자 한다. 정신이 이런 노력과 작용을 하는 동안 신체는 동질의 활동을 하며 정신과 동반한다.

또 정신은 신체 안에 자리 잡고 있으면서 신체의 감각기관을 통해서 외부의 사물들과 자기의 신체를 지각하고, 신체의 신경과 근육을 통하여 자기의 신체와 외부의 사물들에 대해 작용을 가한다. 또한 정신은 자기의 신체를 포함하는 외부의 사물들에 의해 감각이 자극받아 생성된 표상들을 기억하고, 정신의 내부에서 그것들을 연결하고 정리한다. 그러므로 정신의 성립과 활동의 바탕은 정신이 외부의 사물들로부터 자극받아 표상들을 형성하고 자기의 신체를 포함하는 외부의 사물들에 대하여 작용력을 가하는 동시에 자기를 보존하고 더욱 활성화하며 자기의 활성화상태를 향수하기 위해 노력하는 것이다. 말하자면 자연적 과정에 의해 정신에 고유한 작용과 목적이 부여됨으로 인하여 정신은 신체와 동반하며 고유한 활동을 계속한다. 그래서 신체가 살아서 활동하는 동안 정신도 살아서 활동하고, 정신이 살아서 활동함으로 인하여 신체도 살아서 활동할 수 있다. 만약 신체와 동반하지 않는 정신이 있다면, 그런 정신은 살아서 활동하는 정신이 하는 온갖 노력들과 활동들을 하지 않을 것이다. 인간의 정신은 살아서 활동하는 신체와 동반하기 때문에 무지에서 인식으로 발전해 나아가는 과정과 자기를 보존하고 더욱 활성화하며 자기의 활성화상태를 향수하기 위한 노력들 및 활동들이 필요하다. 신체는 아주 작은 세포에서 시작하여 성장한 것으로서 성장이나 자기보존을 위해 다양한 물질들과 자기보존 메커니즘을 필요로 한다. 만약 신체가 자체의 성장이나 보존을 위해 필요한 물질들을 얻지 못하고 자기보존 메커니즘을 유지하지 못한다면, 신체는 결국 자연적 질서에 의해 분해될 것이다. 왜냐하면 신체는 다양한 자연물들의 결합체로서 일정한 결합방식과 작용방식을 유지하지 못하면 통일된 개체가 되지 못하고 수많은 분리된 자연물들로서만 존재할 수 있기 때문이다.

[43] 인간의 폭력성

욕구불만에 빠진 사람이 자기의 활성화상태를 거의 향수하지 못하는 상황이 지속될 때 인간의 폭력성이 표출된다. 말하자면 인간은 과격한 방식으로 자기의 욕구불만을 해소하고자 할 때 폭력성을 드러낸다. 인간이 폭력을 행사하면서 욕구불만을 해소하고자 하는 것은 다른 방식으로는 자기를 더욱 활성화하며 자기의 활성화상태를 향수할 수 없는 내적 상태에 처함에 따라서 야만적인 방식으로 자기의 나쁜 상태나 위축상태에서 벗어나고자 하는 것이다.(제1장 5, 7, 13절 등등) 이때 인간은 폭력을 실행하는 동안 약간의 자기(폭력행위를 선호하고 욕구하는 부분)의 활성화상태를 경험하게 된다. 그 활성화상태는 이전의 나쁜 상태나 위축상태에 비해서는 좀 더 활성화된 상태이지만 강력하고 지속적인 활성화상태는 아니다. 그렇지만 인간이 그 활성화상태에서 상당한 희열을 느꼈다면, 그는 그 상태를 반복하거나 유지하거나 더욱 강화하기 위해 노력한다.(제1장 16, 19절) 그러므로 인간이 폭력을 행사하면서 느끼는 쾌감이 강하면 강할수록 그는 더욱더 폭력행위에 빠져든다.

폭력성이 야욕, 탐욕, 음욕, 대결의식, 지배욕, 명예욕 등과 결합하면 독재자의 폭력성이 된다. 독재자는 비이성적이고 이기적인 인간의 가장 두드러진 예로서 사람들에 대해서 반드시 폭력을 행사한다. 왜냐하면 독재자는 많은 사람들에게 해를 끼치고 국가를 야만적으로 만들면서도 최대의 권력을 유지하고 최고의 명예를 차지하고자 하는 불합리한 욕심을 가지고 있어서 근본적으로 영원히 욕구불만에서 벗어날 수 없기 때문이다. 말하자면 독재자는 영원히 벗어날 수 없는 자기의 욕구불만을 폭력이라는 야만적인 방식을 써서 해소하고자 한다. 그러한 독재자를 찬양하고 숭배하는 자들은 마음속에 그를 선망하는 마음이 있기 때문에, 독재자의 폭력성을 배우고 모방하고 싶어 한다. 이런 식으로 비이성적이고 이기적인 인간들은 잘못된 길로 빠져든다.

### [44] 노예근성

노예적인 인간은 독재자, 권력자, 갑부 같은 사람들을 부러워하면서 그들에게 굽실거리고 자기의 무지, 무력함, 불행, 부자유를 당연하게 여기는 사람이다. 그러므로 그는 제힘으로 자기의 활성화상태를 충분히 향수하지 못하는 것을 거의 이상하게 여기지 않는다. 그는 자기가 선망하고 굽실거리는 대상들 이외의 다른 사람이 자기와 다르게 생각하고 행동하는 것을 용인하기 어렵다. 그는 다른 사람들도 자기와 같이 무지와 무력함과 불행과 부자유 속에 갇혀 살면서 자기가 선망하는 사람들에게 굽실거리며 살아야 마땅하다고 생각한다. 그러므로 그는 자기의 선망의 대상이 아닌 사람들 중에 행복과 자유를 누리는 사람이 보이면, 그것을 부당하다고 여기고 방해하고 싶어한다. 그는 편견에 구속되어 다른 사람들을 올바르게 판단하지 못하고 공정하게 대하지 못한다. 노예적인 사람들은 자신들이 선망하는 사람을 찬양하고 숭배하는 일에 열성적이다. 이런 식으로 그들은 현실에서 자신들의 활성화상태를 충분히 향수하지 못하는 것을 다소 달래줄 수 있는 대리 만족을 추구한다. 그렇지만 노예적인 인간들은 그런 식으로는 자신들의 욕구불만을 충분히 해소할 수 없기 때문에, 선망의 대상에게 아첨하는 방식으로 자신들의 욕망들을 더 많이 충족시키기 위해 노력한다.(3절 뒷부분 참조)

그런데 그들이 그렇게 하는 동안에 공유하는 사상이나 자세는 자유인의 것과는 분명히 다르다. 자유인은 무엇보다 인간과 사물들에 대하여 참된 인식을 풍부하게 가지고 있고, 자기의 이성의 힘으로 자기의 감정들과 욕망들을 충분히 제어하면서 자기를 보존하고 더욱 활성화하며 자기의 강력한 활성화상태를 지속적으로 향수할 수 있다. 그런 이유로 자유인은 노예적인 사람들처럼 대리 만족을 추구하지 않고, 욕구불만을 해소하기 위해 다른 사람에게 알랑거리는 방식을 취하지 않으며, 착각과 환상에 구속되어야 할 수 있는 허망한 노력을 하지 않는다.

### [45] 이성(理性)의 지령

인간은 누구나 태어날 때 아무런 참된 인식을 지니고 있지 않기 때문에, 날 때부터 이성적인 사람은 아무도 없다. 그래서 영아나 유아는 어느 정도의 이성을 갖춘 사람이 잘 돌봐주어야만 인간으로서 정상적으로 성장해나갈 수 있다. 그러므로 영아나 유아는 제힘으로 자기를 보존하고 더욱 활성화하며 자기의 활성화상태를 향수할 수 있는 능력이 크게 부족하다. 그러나 영아나 유아도 미약하기는 해도 그런 능력을 가지고 있고 틀림없이 그것을 점차 발전시키고 있을 것이다. 그리고 그러는 동안 인간은 자기의 완성되지 않은 인식에 의지해서 어떻게든 자기를 보존하고 더욱 활성화하며 자기의 활성화상태를 향수하기 위해 노력한다. 그러나 인간의 완성되지 않은 인식은 인간이 불가피하게 경험하게 되는 나쁜 상태나 위축상태에서 느끼는(제1장 20절) 분노, 슬픔, 고통, 우울, 두려움, 불안 등을 배제하지 못한다. 여기에서 인간은 본성적으로 자기의 나쁜 상태나 위축상태를 배제하고 자기의 강력한 활성화상태를 지속적으로 향수할 수 있게 자기를 이끌어주는 완성된 인식을 필요로 한다. 그 완성된 인식에서 필연적으로 도출되는, 유익하고 타당한 판단을 우리는 이성의 지령이라고 부른다. 그러므로 인간은 이성의 지령에 따라서 살아갈 때 자기의 본성과 가장 많이 일치하는 방식으로 활동한다. 그러나 인간이 완성된 인식 또는 이성을 갖추는 것은 결코 쉬운 일이 아니고, 많은 사람들은 그것보다 현실적 자아의 욕망들을 충족시키는 데에 더 마음이 쏠려 있다.(제1장 2절)

그런데 만약 인간이 자기의 어떤 잘못된 과거의 행위에 대해 후회를 하게 된다면, 그런 일은 자기가 본성적으로 결코 추구하지 않는 일을 경험했기 때문에 발생한다. 그리고 인간이 그런 일을 경험하는 것은 사물에 대한 참된 관념(제1장 61절)이 결핍된 채로 행동했기 때문이다. 인간은 사물에 대한 참된 관념 또는 인식을 보유한 상태에서는 그것을 생활에 적용하여 자기의 본성에 어긋나는 행위를 충분히 배제할 수가 있다.(제1장 4, 5, 6, 7절) 왜냐하면 이것이야말로 인간이 원하고 추구하는 것이고, 인간의 능력 범위에 있는 것이기 때문이다. 그러므로 사물들에 대한 참된 인식을 풍부하게 보유한 사람은 이성의 지령에 따라서 생활할 수 있지만, 참된 인식이 결핍된 사람은 후회할 만한 행위를 배제하기 어렵다. 또 모든 인간들이 같은 본성을 가지고 있기 때문에, 인간의 본성적 노력에 일치하는 이성의 지령은 모든 사람들에게 두루 적용된다. 따라서 모든 사람들이 공유해야 하는 사상이나 규칙은 이성의 지령에 일치하는 것일 때 공공의 선과 가장 많이 일치한다. 그러나 어쨌든 사람들이 이성 자체의 지령에 따르려면 누구든 사물들에 대한 참된 인식을 달성하지 않으면 안 된다. 왜냐하면 인간의 이성은 사물들에 대한 참된 인식이 결여되면 성립하지 않고, 따라서 이성의 지령도 내려질 수 없기 때문이다. 그러므로 공동체는 사람들이 활용할 수 있는, 사물들에 대한 참된 인식을 더 많이 달성하고 확보할수록, 공공의 선을 더욱 효과적으로 추구할 수 있다.

[46] 자기만족

인간이 자기가 열심히 노력해서 이룬 어떤 훌륭한 성과에 대해 스스로 흡족해 하는 것이 자기만족이다. 인간이 자기가 달성한 참된 인식에 근거하여 자기의 강력한 활성화상태를 지속적으로 향수할 때 느끼는 만족은 이성적 자기만족이다. 이성적 자기만족을 누리는 사람은 다른 비이성적 희열을 맛보기 위해 노력하는 것이 필요하지 않다. 왜냐하면 이성적 자기만족을 누리는 사람의 활성화상태는 지속성이 있는 것이어서 자기를 더욱 활성화하며 자기의 비이성적 활성화상태를 향수하고자 하는 원초적 노력을 추가적으로 발동시키지 않기 때문이다. 그러나 사물들에 대한 참된 인식이 결여되어 있고, 욕구불만과 불안정한 활성화상태에 구속되어 있는 사람은 기회가 있을 때마다 어떻게든 현실적 자아를 더욱 활성화하여 자기의 활성화상태를 향수하고자 노력한다. 이때 인간은 분별력을 갖추지 못하거나 자기의 욕망들을 충족시키는 데에 급급하면 진리나 정의를 쉽게 무시하게 된다. 그러므로 진리나 정의가 소중하게 여겨지는 사회가 되려면 더 많은 사람들이 더 정확한 분별력을 가져야 하고 욕구불만에서 벗어나 있어야 한다.

### [47] 물질적 번영과 풍요

인간의 신체는 다양한 물질들로 이루어져 있고, 인간은 생존하고 활기를 유지하기 위해 그것들과 에너지를 끊임없이 사용해야만 한다. 이런 이유로 인간은 필요한 다양한 물질들을 섭취하고 흡수해야만 한다. 인간은 뜨거운 햇빛이나 추위를 견뎌 내기 위해서 그리고 해로운 자극 또는 공격을 막기 위해서 물질들로 된 착용물들이 필요하다. 인간은 또 실내생활의 이점들을 누리기 위해서 물질들로 만들어진 주택도 필요로 한다. 이와 같이 인간은 생존과 생활과 활기의 유지를 위해서 그리고 기타의 다른 요구들을 충족시키기 위해서 다양한 물질들을 지속적으로 필요로 하고, 항상 물질들을 떠나서는 존재하고 생활하는 것이 불가능하다. 그러므로 인간은 자기를 보존하고 더욱 활성화하며 자기의 활성화상태를 향수하기 위해서 필연적으로 다양한 물질들을 필요로 하고 그것들에 의존한다. 그런고로 인간은 이러한 사실을 인식하는 한 필요한 물질들의 가치를 부정할 수가 없고 오히려 그것들에 집착하게 된다. 또 인간이 물질과는 구별되는 정신적 존재로서 정신적 가치와 만족을 추구하고 향유하는 존재라고 해도, 정신적인 온갖 것들을 표현하고 전달하기 위해서는 물질들의 매개가 있어야만 한다. 그러므로 인간은 자기를 보존하고 더욱 활성화하며 자기의 활성화상태를 향수하기 위해 노력하는 한 그 목적에 기여하는 물질들을 확보하기 위해 힘쓰지 않을 수 없고, 그 물질들이 넉넉하게 확보되는 상태인 물질적 번영과 풍요를 추구하지 않을 수 없다. 그리고 인간이 물질적 번영과 풍요를 누릴 때 인간의 심신은 활성화상태를 향수하게 될 것이므로, 인간의 정신은 그 상태를 반복하거나 유지하거나 더욱 강화하기 위해 노력한다.(제1장 16절) 그러므로 어떤 공동체가 어느 정도의 물질적 번영과 풍요를 달성했을 경우, 그 풍요는 더 많은 사람들이 자신들을 보존하고 더욱 활성화하며 자신들의 활성화상태를 향수하는 데 기여함에 따라서, 공동체를 유지하고 더욱 강화하기 위한 그들의 노력을 더욱 강력하게 한다. 그러나 어떤 공동체가 달성한 어느 정도의 물질적 번영과 풍요가 특정한 소수의 사람들의 욕망들을 충족시키는 데에 주로 기여하는 경우에는, 이것이 그 밖의 다른 사람들의 반발과 미움을 야기할 것이므로, 공동체를 유지하고 더욱 강화하기 위한 구성원들의 노력은 약화될 수밖에 없다.

그런데 사람들이 달성한 물질적 번영과 풍요는 그들이 보유한 인식의 완전성에 따라서 견고할 수도 있고 허약할 수도 있다. 왜냐하면 자연은 인간을 위해서 존재하고 작용한다기보다 아무런 목적이 없이 존재하고 작용하며, 자연이 언제 어떻게 사람들이 바라지 않는 사건을 일으킬지 알지 못하면 사람들은 자연에게 당할 수밖에 없기 때문이다.

[48] 동류의식(同類意識)

인간은 자기가 슬퍼할 때 같이 슬퍼하고 자기가 기뻐할 때 같이 기뻐하며, 자기가 고생할 때 같이 고생하고 자기가 보람을 느낄 때 같이 보람을 느끼는 사람을 동류라고 생각한다. 말하자면 인간은 자기를 보존하고 더욱 활성화하며 자기의 활성화상태를 향수하기 위해 노력하는 동안 자기와 같은 처지에서 같은 생각과 감정과 소원을 가지고 활동하는 사람을 동류라고 생각한다. 그러나 인간이 같은 처지에 있는 사람과 항상 같은 생각과 감정과 욕망을 가지도록 자연적으로 결정된 것은 아니므로, 사람들은 같은 처지에 있더라도 얼마든지 서로 다른 생각과 감정과 욕망을 가질 수가 있다. 그러나 사람들은 자신들의 처지가 같을 뿐 아니라 생각과 감정과 소원도 공유하고 있음을 더욱 분명하게 확인함에 따라서 동류의식도 한층 강렬해진다. 동류의식을 가진 사람들은 적과 동지를 동일한 자세로 판단한다. 사람들이 가진 동류의식은 그들로 하여금 적의 죄과에 대해서는 더욱 공격적으로, 동류의 죄과에 대해서는 더욱 옹호적으로 표현하도록 만든다. 이것이 비이성적으로 심해지면 그들은 적의 가벼운 죄과를 무거운 것으로 만들거나 적의 없는 죄과를 조작할 수가 있고, 동류의 무거운 죄과를 가벼운 것으로 만들거나 동류의 명백한 죄과를 없는 것으로 만들 수가 있다. 이런 현상이 국가의 권력을 차지한 사람들의 주변에서 일어나면 국가는 살벌한 무법천지가 되고 말 것이다.

[49] 음악

두뇌가 물질 또는 물체의 진동을 청각을 통하여 감각한 것이 소리이다. 인간의 귀에 들리는 소리들 중에서 인간을 즐겁게 하거나 인간에게 위안을 주는 소리는 인간을 매혹시키므로, 인간은 공들여서 그런 소리를 만들었는데, 이것이 음악이다. 인간이 음악을 만들고 즐기는 것은 음악이 인간의 본성에 긍정적으로 작용하는 성질이 있기 때문이다. 누구나 경험을 통하여 알고 있듯이, 진실로 음악은 인간이 자기를 보존하고 더욱 활성화하며 자기의 활성화상태를 향수하기 위해 노력하는 동안에, 그 노력을 촉진하고 왕성하게 하는 성질이 있다. 그래서 인간은 훌륭한 음악을 들으며 즐기는 동안에 자기 나름대로 자기의 활성화상태를 향수할 수가 있다. 이런 이유로 인간은 음악을 듣고 즐기는 것 자체를 목적으로 삼기도 한다. 그런고로 거의 모든 사람들이 자신들을 즐겁게 하고 위로하는 음악을 듣기를 바라고, 이것은 이 욕구들을 충족시켜 줄 수 있는 재능 있는 작곡가에 대한 필요를 초래한다. 그래서 이에 맞추어 재능 있는 작곡가들은 인류를 즐겁게 하고 위로하기 위해 많은 훌륭한 곡들을 작곡하여 세상에 내놓고 사람들의 호응을 기대한다. 이러한 상황에서 사람들은 각자 자기에게 맞는 음악을 고르는 일에 관심을 집중시킨다. 인간은 누구나 자기를 즐겁게 하고 위로하는 음악을 감상하고 싶어 한다. 다른 사람을 즐겁게 하고 위로하지만 자기를 전혀 그렇게 하지 않는 음악을 충심으로 감상하기를 원하는 사람은 없다. 그러므로 인간은 자기를 즐겁게 하고 위로할 수 있는 음악을 충심으로 음악으로서 인정하고 그 외의 다른 것들은 그저 음악으로 불리는 것으로만 여긴다. 이처럼 음악은 각자의 두뇌 또는 현실적 자아에 직접적으로 작용하고 직접적인 느낌과 판단을 발생시킨다. 그러므로 각자는 자기를 사랑하고 소중히 여기는 그 마음으로 자기에게 맞는 음악을 사랑하고 소중히 여긴다. 그러나 사람들은 자연적으로 서로 일치하는 성질을 가지고 있기 때문에 어떤 한 사람이 좋아하는 음악은 다른 수많은 사람들도 같이 좋아하는 음악이 될 수가 있다. 이 점에서 그들은 본성과 본성적 노력에서 발생하는 정서를 공유하는 사람들이다. 이들은 자기들에게 맞는 어떤 훌륭한 곡을 작곡한 작곡가를 높이 평가하고 존경하는데, 이러한 과정을 통해서 음악 작곡으로 인류를 위해 이바지한 여러 작곡가들이 선택

되었다.

그런데 작곡가가 작곡한 음악의 힘은 그의 정신의 힘에서 나오고, 그의 정신은 일차적으로 자기를 즐겁게 하고 위로하는 음악을 알아낼 수 있을 때 다른 사람들을 그렇게 할 수 있는 음악을 작곡할 수 있다. 음악소리가 두뇌활동에 영향을 미치는 것은 그것이 포함하고 있는 진동이 파동적으로 두뇌를 자극하기 때문이다. 음악소리에 의해 두뇌가 파동적으로 자극받아 활성화될 때 인간의 정신은 더욱 활성화되어 자기의 활성화상태를 향수할 수 있다. 이것이 바로 인간이 음악에 매혹되는 상태인데, 이것은 인간이 여유가 있을 때마다 누리기에 적당한 것이다. 어쨌든 음악소리에 의해 두뇌가 파동적으로 자극받아 활성화될 수 있다는 것은 두뇌가 활동하는 동안 가지는 다양한 상태(정서)들이 각각의 상태(정서)에 고유한 파동들을 수반한다는 것이다. 그런 이유로 인간의 정신은 자기가 활동하는 동안에 가졌거나 가질 수 있는 상태(정서)에서 수반되는 파동과 일치하는 음악소리의 파동을 지각할 때 그 파동적 에너지를 흡수하며, 동시에 정신에는 그 파동과 일치하는 정서가 발동한다. 그런데 인간은 자기를 보존하고 더욱 활성화하며 자기의 활성화상태를 향수하기 위해 노력하므로, 음악을 선택하여 들을 때도 현실적 자아를 더욱 활성화하여 자기의 활성화상태를 향수할 수 있게 하는 음악을 선호한다.

## [50] 위선과 생색내기와 위장 술책

어떤 사람이 위선을 부리고 생색내기를 하고 위장 술책을 쓰는 것은 다른 사람들로부터 좋은 평가를 받고, 그것을 발판으로 현실적 자아를 더욱 활성화하여 자기의 활성화상태를 향수하고자 하기 때문이다. 인간이 다른 사람들로부터 좋은 평가를 받는 것은 그 자체로 어느 정도 인간의 욕망을 충족시킨다. 그렇지만 야심적인 인간은 좀처럼 만족하지 않기 때문에 흔히 더 거창한 목적을 이루기 위해 다른 사람들을 현혹시킬 필요를 가진다. 이 필요에 의해 야심적인 인간은 재주껏 다른 사람들의 불완전한 판단력을 파고들어 자기에게 유리한 감정과 판단을 심어 놓으려고 하는데, 이런 경우에 그가 행하는 것들이 위선과 생색내기와 위장 술책이다. 위선의 구체적인 실행은 봉사활동 또는 자선행위를 사람들의 눈에 잘 띄게 행하여 그 일이 널리 알려지게 만드는 것이다. 그때 그럴듯한 말솜씨를 구사하며 자기의 행위를 훌륭한 것으로 각인시키고자 하는 것은 생색내기이고, 이러한 거짓된 말과 행위를 의도적으로 꾸며내고 행하는 것이 위장 술책이다. 위선과 생색내기와 위장 술책이 종종 행해지는 것은 거짓된 말과 행위가 그럴듯하게 행해졌을 때는 사람들이 그것들을 진실한 말 또는 행동과 구별하기 어렵기 때문일 것이다. 실제로 다른 사람의 행위와 말을 보고 들으면서 즉각적으로 그것들이 진실한 것인지 아니면 거짓된 것인지를 판별하는 것이 매우 어렵거나 불가능한 경우가 얼마든지 있을 수 있다. 이런 경우 어떤 인간의 말과 행동이 거짓된 것인지 아니면 진실한 것인지를 명확히 밝히는 것은 상당히 어렵고 시간이 걸리는 일이 될 수가 있다. 바로 이점을 교활하거나 야심적인 인간은 최대로 악용하여 위선과 생색내기와 위장 술책을 행할 기회로 삼는 것이다. 또 위선과 생색내기와 위장 술책은 사람들의 자연적인 자기애, 자존심, 물욕, 식욕 등을 충족시켜주면서 효력을 발생시키기 때문에, 평소에 그 욕망들을 충족시키기 어려웠던 사람들은 그것들을 충족시켜주는 사람의 거짓된 말과 행위를 판별하기가 더욱 어려워진다. 왜냐하면 비이성적이고 이기적인 인간은 진리나 정의보다 자기의 활성화상태를 향수하는 것을 더 소중하게 여기기 때문이다. 그러므로 교활하거나 야심적인 인간의 위선과 생색내기와 위장 술책은 비이성적이고 이기적인 사람들의 욕망들을 더욱 쉽게 파고들어 보다 큰 효력을 발생시킨다. 이것을 교활하거나 야심적인 인간은 대충 알고 있으므로, 사람들에게 아부하는 발언을 하거나 과잉친절을 베풂으로써 거짓된 말과 행위의 용인성을 더욱 높이고자 한다.

[51] 공포감의 극복

인간은 공포의 대상에 대해 아는 것이 적으면 적을

수록 더욱 많은 공포를 가진다. 예를 들면, 인간은 주변의 사물들이 거의 보이지 않는 컴컴한 밤에 숲길을 걸을 때, 화면 속의 주변 사물들이 시커멓게 보이는 공포영화를 시청할 때, 곤경에 처하여 상황을 정확히 파악할 수 없을 때 등등에 더욱 심한 공포를 느낀다. 왜냐하면 인간은 공포의 대상에 대해 무엇이든 확실히 알고 있을 경우에만 그 인식에 근거해서 유효한 대응을 할 수 있기 때문이다. 또 공포감을 가진 인간은 어떻게든 공포에서 벗어나려고 한다. 왜냐하면 공포 속에서 인간의 정신활동은 저해되거나 위축되어 정상적 활동(즉 자기를 보존하고 더욱 활성화하며 자기의 활성화상태를 향수하기 위한 활동)을 하지 못하도록 압박당하기 때문이다. 그러므로 공포란 외부의 사물에 관한 불확실한 관념을 수반하는 정신의 위축되고 압박된 상태이다. 여기에서 우리는 인간이 정신 속에 공포를 계속 유지하기를 바라는 것은 인간의 본성에 정면으로 배치된다는 것을, 그리고 인간은 정신 속에 가진 공포가 적으면 적을수록 정신의 자연적 자유를 더 많이 향유한다는 것을 알 수 있다.

그렇다면 인간이 공포에서 벗어나는 방법 또는 공포를 소멸시키는 방법은 어떤 것인가? 공포는 정신 속에 존재하므로, 인간은 공포에 관련된 사물들에 관한 불확실한 관념들을 명확히 할 수가 있고, 그 명확한 관념들에 근거하여 공포를 일으킨 사물에 대해 유효한 대응을 할 수가 있다. 이렇게 하여 인간이 어떤 사물에 대한 공포를 벗어나거나 소멸시킬 수 있었다면, 그는 자기의 지성과 능력으로 목적을 달성한 것이다. 그러나 반대로 인간이 어떤 사물에 대한 공포에 구속된 채로 살아가고 있다면, 그는 정신의 자연적 자유를 향유하기에 충분할 만큼 자기의 지성과 능력을 개발하지 못한 것이다. 그러므로 인간이 사물들에 대한 공포를 벗어나고 소멸시킬 수 있는 것은 자기의 개발된 지성과 능력을 발휘할 수 있기 때문이고, 이때에 드디어 그는 정신의 자연적 자유를 향유할 수 있다.

### [52] 삶과 죽음 그리고 영원성

자연의 법칙과 질서에 의해 인간은 누구나 언젠가 반드시 죽음에 이르도록 결정되어 있다. 인간은 더 오래 살기 위해 다양한 방법으로 노력을 하기도 하지만, 그래도 언젠가는 죽지 않을 수가 없다. 완전히 죽었다가 다시 살아난 사람도 없고, 죽은 이후에 살아있는 사람과 의사소통을 한 사람도 없으므로, 살아있는 사람들은 인간이 죽은 후에 어떤 일을 경험하는지 도저히 알 길이 없다. 그러나 인간은 사실 죽은 이후에는 지각능력도 사고력도 전혀 발휘할 수가 없는데도, 생전과 다른 무엇인가를 경험하며 새로운 세상을 살아갈 것이라고 생각하는 사람들도 있다. 그런 생각은 논리적으로는 성립할 수 없는 것이지만, 그들은 마음대로 상상하며 희망을 품거나 공포를 느끼고, 그 세상에서의 생활을 대비한다. 이것은 종교와도 관련이 있는 상당히 흔한 현상이다.

하여간 인간은 살아있는 동안에 자기를 보존하고 더욱 활성화하며 자기의 활성화상태를 향수하기 위해 노력하는데, 어떤 사람은 죽은 이후에도 자기를 보존하고 더욱 활성화하며 자기의 활성화상태를 향수하기 위해 노력한다. 말하자면 그는 살아있는 동안에 가지고 있으면서 계속 발휘해 왔던 자기의 본성을 죽음 이후에도 계속 그렇게 하려고 노력한다. 그러므로 만약 그가 생전에 자기의 욕망을 마음껏 충족시키지 못하여 불만스러웠던 것이 있었다면, 사후(死後)에는 그 욕망을 마음껏 충족시킬 수 있기를 바라고, 또 만약 그가 생전에 자기의 욕망들을 마음껏 충족시킬 수 있어서 희열을 느꼈다면, 사후에도 그 희열을 계속 누릴 수 있도록 자기가 할 수 있는 어떤 조치든 취하려고 한다. 전자는 마음속에 선망을 품고 사는 사람에게, 후자는 독재자나 그와 비슷한 삶을 사는 사람에게 해당된다. 그러나 이성적인 사람은 그들과는 다르게 생각하고 노력한다. 이성적인 인간은 생전에 가지고 있었던 욕구불만을 사후에 해소하려 하는 일이 없고, 생전의 비이성적 희열을 사후에도 누리려고 하는 일도 없다.

그런데 지구상의 모든 인간이 언젠가 반드시 죽어 없어지는 일은 불가능할까? 자연의 법칙과 질서는 인류를 영원히 존속시키는 성질을 가지고 있을까? 만약 지구상에서 인류가 멸종하는 일이 일어난다면, 그 멸종은 전체 우주에서 영원히 계속될까? 나는 지구상의 모든 인간이 죽어 없어지는 일이, 언제일지 모르겠지만, 반드시 일어날 것이라고 생각한다. 왜냐하면 자연의 법칙과 질서는 인류를 영원히 존속시키는 성질이 없기 때문이다. 그러나 동시에 인류든 지구상의 다른 생물들이든 한 번 멸종했다고 해서 두 번 다시 절대로 재발생하지 않도록 결정되었다고 볼 수 없다. 영원성이 포함하는 무한한 시간은 생물들의 발생과 멸종이든 재발생이든 배제하지 않을 것이기 때문이다. 말하자면 우주적 자연은 모든 자연물들을 필연적인 것들로서 존재하고 작용하게 했던 자체의 본질을 영원히 유지하기 때문에, 그 본질에서 언젠가 어디에선가 어떤 자연물들이 산출되는 것은 무한한 시간 속에서 필연적인 일이다. 그러므로 인류를 포함하는 지구상의 모든 생물들은 영원히 살지도 않지만, 영원히 멸종하지도 않는다.

### [53] 자아의 개체성

인간은, 자기의 능력이 미치는 한, 어떻게든 자기를 보존하고 더욱 활성화하며 자기의 활성화상태를 향수하기 위해 노력한다.(제1장 1절) 인간은, 자기의 능력이 미치는 한, 어떻게든 어떤 타인을 보존하고 더욱 활성화하기 위해 노력할 수가 있다. 그러나 인간은 그 타인의 활성화상태를 자기의 활성화상태처럼 직접적으로 느끼고 향수할 수가 없다. 그러므로 어떤 사람이 타인의 활성화상태를 향수하기 위해 노력하는 일은 성립하지도 않고 가능하지도 않다. 단지 인간은 자기의 활성화상태를 향수하기 위해 노력할 수 있을 뿐이다. 그래서 어떤 타인을 보존하고 더욱 활성화하기 위해 노력하는 사람은 그 일 자체를 즐길 수 있을 때 자기의 활성화상태를 향수할 수 있다. 한 인간에게 있어 타인의 활성화상태는 지각의 대상일 뿐 직접적 향수의 대상은 될 수 없고, 전자의 이익이나 기쁨의 원인이 될 수 있지만, 손해나 슬픔의 원인이 될 수도 있다. 그래서 인간은 어떤 목적을 더 효과적으로 달성하기 위해 다른 사람들과의 연합이나 결탁을 하는 동안에도, 자기의 능력이 미치는 한 어떻게든 자기의 활성화상태를 실현하여 그것을 향수하고자 하는(제1장 15절) 욕망의 주체로서의 자아를 벗어날 수가 없다. 인간은 또 자기의 활성화상태를 사랑하고 소중히 여기며, 자기를 보존하는 것, 자기를 더욱 활성화하는 것, 그리고 자기의 활성화상태를 향수하는 것에 마음이 쏠려 있기 때문에(제1장 2절), 자기의 이익이나 기쁨의 원인이 되는 타인의 활동은 긍정적인 것으로 여기지만, 자기의 손해나 슬픔의 원인이 되는 타인의 활동은 부정적인 것으로 생각한다.

## [54] 인간과 자연의 합일

인간은 자연의 법칙과 질서에 의하여 산출된 자연물이다. 인간의 신체는 다양한 자연물들로 구성되어 있으며, 호흡을 하고 자연에서 얻은 물과 음식물을 섭취해야 생존할 수 있다. 인간 신체의 내부도 자연물들로 채워져 있고 외부도 자연물들로 둘러싸여 있다. 인간 신체의 내부와 외부에 있는 자연물들 중에 자연의 법칙과 질서에 따르지 않는 자연물은 아무것도 없다. 그래서 자연의 일부인 인간의 신체도 자연의 법칙과 질서에 따라 존재하고 활동할 뿐 그것들을 거스를 수가 없다.

또 인간은 자신의 뇌가 정상적으로 활동해야 정신기능을 정상적으로 발휘할 수 있다. 인간의 정신이 지각하는 대상들은 모두 자연에 존재하는 자연적 사물들이다. 따라서 인간의 정신에 새겨진 사물들의 심상들은 모두 자연적 사물들에 관한 것들이고, 표상들의 연결 또는 조합인 관념들도 자연적 사물들에 관한 것이거나, 또는 그것들을 기호화하거나 추상화한 것들에 관한 것들이다.

그런데 인공적이거나 인위적인 사물들과, 기호화하거나 추상화한 것들이 자연적인 사물들이 아닌 것으로 생각될 수가 있다. 우선 인공적이거나 인위적인 사물들은 인간이 자연적 사물들을 변형시키거나 가공한 것들로서 결국은 자연에서 취한 자연적 사물들로 구성되어 있다. 또 인간이 기호화하거나 추상화한 것들은 자연적 사물들이 가질 수 있는 무한히 많은 형태들이나 성질들 중에 일부를 인간이 상상하거나 포착하여 표현한 것들이다. 인간은 이것들에 관한 표상들을 자연적 사물들에 관한 표상들처럼 기억하여, 연결하거나 조합할 수가 있다. 이런 사실들을 종합적으로 고려하면 인간의 정신은 이미 지각한 자연적 사물들에 관한 관념들뿐만 아니라 자연에서 지각한 적이 없는 자연적 사물들의 형태들이나 성질들도 상상하고 이해할 수가 있다는 것을 우리는 알 수 있다. 따라서 인간의 정신은 자연적 사물들을 직접적으로 지각할 때에도 자연적 사물들과 연결되어 있고, 아직 지각하지 않은 자연적 사물들의 형태나 성질들을 상상하거나 이해할 때에도 무한한 시간과 공간 속에서 어떻게든 자연적 사물들과 연결되어 있다. 그러므로 인간의 신체와 정신은 자연과 분리되어 존재하거나 활동할 수가 없고, 존재하고 활동하는 동안 어디서나 항상 자연 안에 머무르며 자연과 합일되어 있다.

### [55] 진실성

진실한 인간은 거짓됨과 기만의 폐해를 잘 알고 있기 때문에, 진실함으로써 다른 사람들을 대하고 또 자기를 보존하고 더욱 활성화하며 자기의 활성화상태를 향수하기 위해 노력한다. 그러나 진실하지 않은 인간은 거짓됨과 기만의 폐해를 잘 알고 있으면서도, 자기를 보존하고 더욱 활성화하며 자기의 활성화상태를 향수하기 위해 어떻게든 다른 사람들을 속이려고 한다. 그러므로 진실한 사람은 정당한 수단을 써서 정당하게 목적을 이루려고 노력하지만, 진실하지 않은 사람은 자기의 욕망들을 충족시키는 데에 급급하여 정당한 수단과 절차를 무시하거나 등한시한다. 그런고로 진실하지 않은 사람은 비이성적이고 이기적인 사람으로서 진리나 정의보다 자기의 활성화상태를 향수하는 것을 더 소중하게 여긴다.

인간은 하여간에 자기를 보존하고 더욱 활성화하며 자기의 활성화상태를 향수하기 위해 노력하므로, 인간으로 하여금 진실하지 않게 말하고 행동하도록 촉구하는 것은 그의 현실적 자아의 본성적 필요이다. 그런고로 일부러 진실함을 버리고 거짓됨과 기만을 취하는 인간은 상당히 심각하게 자기 나름의 분투를 하고 있는 것이다. 그러나 문제는 그가 다른 사람들의 정당한 권익을 침해하면서까지 자기의 욕심을 채우기 위해 노력하고 활동한다는 것이다. 이런 식으로 노력하고 활동하는 것이 제한 없이 허용된다면, 사람들은 서로 적이 되는 것을 피할 수가 없다. 이렇게 되면 모든 인간이 각자  자기를 보존하고 더욱 활성화하며 자기의 활성화상태를 향수하는 것이 매우 어려워지거나 불가능해진다. 이것은 아무도 바라지 않는 것이다. 그럼에도 불구하고 어떤 인간들은 일부러 진실을 도외시하고 거짓됨과 기만을 무기로 삼는다. 그들이 그러는 것은 자신들의 욕망들을 적절히 조절하고 제어하지 못하기 때문인데, 이때 그들은 탐욕,

야욕, 지배욕, 지나친 명예욕, 음욕 등등의 욕망들을 채우는 데에 급급해 있다. 그러므로 인간이 진실하지 않게 되는 것은 그가 자기의 욕망들을 적절히 조절하고 제어하지 못하는 상태에서, 즉 이성의 지령을 따르지 않는 상태에서 현실적 자아의 본성적 노력에 빠져들기 때문이다.

반면에 인간이 진실하게 되는 것은 자기의 본성과 욕망과 자연의 진리를 명확히 인식하고, 이성의 힘으로 자기의 욕망들을 적절히 조절하고 통제하며, 온건하게 자기를 보존하고 더욱 활성화하며 자기의 강력한 활성화상태를 지속적으로 향수하기 위해 노력하기 때문이다. 그러므로 인간은 비이성적이고 이기적일수록 진실함에서 멀어지기 쉽고, 이성의 힘이 강할수록 진실함을 더욱 확고하게 유지할 수 있다.

### [56] 분노

인간은 자기를 보존하고 더욱 활성화하며 자기의 활성화상태를 향수하기 위해 노력하는 중에, 그 노력이 저해될 때 분노한다. 그러므로 분노란, (인간은 자기의 나쁜 상태나 위축상태에서 한층 적은 정신기능을 발휘하며, 자기의 나쁜 상태나 위축상태를, 스스로 의식하는 한, 싫어하고, 또 자기의 나쁜 상태나 위축상태를 즐길 수 있는 사람은 아무도 없기(제1장 4절) 때문에), 인간의 정신이 자기의 본성적 노력이 저해되는 것에 대해 반발하거나 반작용하면서 자기의 나쁜 상태나 위축상태를 야기한 대상을 혐오하고 공격하려는 정신의 노력이다. 그런고로 분노는 자기 안에 있는 불쾌함을 해소하려는, 공격성을 띤 인간정신의 노력이다. 따라서 한 인간의 정신에 불쾌함이 존재하는 한 그는 분노하고, 불쾌함이 강하면 강할수록 분노는 더욱 거세다. 또 그의 정신에서 불쾌함이 사라지면 그에 따른 분노도 자연스럽게 없어지게 된다.

불쾌함을 야기한 대상에 대해 분노하는 것은 이성적인 인간도 비이성적인 인간과 같다. 그러나 이성적인 인간은 분노의 대상에 대한 공격을 자제할 수가 있고, 공격을 하더라도 지나치지 않도록 적절히 조절할 수가 있다. 그러나 비이성적이고 이기적인 인간은 분노의 대상에 대한 공격을 함으로써 자기의 나쁜 상태나 위축상태에서 벗어나려고 하기가 쉽고, 공격이 지나치지 않도록 조절하는 것도 어렵다. 왜냐하면 그는 자기의 나쁜 상태나 위축상태에서 충분히 벗어나지 못한 상태에서 자기를 보존하고 더욱 활성화하며 자기의 활성화상태를 향수하기 위해 노력하고, 그러한 노력은 이성(理性)의 지도를 받지 못하여 상대를 부적절하게 공격하는 것으로 나타날 것이기 때문이다.

### [57] 권위(權威)

권위는 대개 진리를 잘 알고 있다고 인정되는 사람들에게 또는 공적으로 정의를 집행하고 있다고 인정되는 사람들에게 혹은 집단이 자체를 보존하고 더욱 활성화하며 자체의 활성화상태를 향수하는 데에 대단히 중요한 역할을 담당하고 있다고 인정되는 사람들에게 부여된다. 이런 권위에 대해 인간은 자기 나름의 판단에 근거하여 복종할 수도 있고 도전할 수도 있다. 인간이 어떤 권위에 대해 복종하든 도전하든 그는 자기 나름의 판단에 의하여 자기를 보존하고 더욱 활성화하며 자기의 활성화상태를 향수하기 위해 노력하고 있다.

그런데 인간은 권위 있는 다른 사람을 따름으로써 자기의 본성적 욕구들을 충족시키고자 하는 동안 그 사람에 대해 착각하거나 그에게 기만당할 수가 있다. 또 인간이 권위 있는 다른 사람을 열심히 따르는 것은 적지 않게 그에게 의존하는 것을 의미하고, 자기의 판단력이 부족한 상태에서 타인의 능력에 의존하는 것은 동시에 어느 정도 그에게 기만당하거나 농락당할 위험에 처하는 것이다. 왜냐하면 권위 있는 인간도 자기를 보존하고 더욱 활성화하며 자기의 활성화상태를 향수하기 위해 노력하는 한 인간으로서 비이성적이고 이기적인 한에 있어서는 진리나 정의보다 자기의 활성화상태를 향수하는 것을 더 소중하게 여기기 때문이다. 그러므로 권위가 있으면서도 비이성적이고 이기적인 인간은 교활성을 발휘하여 자기를 인정하고 자기에게 의존하는 사람들을 기만하고 농락하는 일을 감행할 수 있다. 그러나 판단력이 부족한 사람들은 권위 있는 다른 인간에게 기만당하거나 농락당할 수 있다는 사실 자체를 알지 못할 수가 있다. 이런 경우 권위 있는 교활한 인간은 그런 사실에 더욱 고무되어 많은 사람들을 자기 마음대로 조종하고 농락할 수 있는 대상으로 여긴다.

그러므로 이성적인 인간은 권위 있는 사람도 인간으로서 본성적인 노력을 그만두지 않는다는 것을 명심하고 그에게 지나치게 의존하기보다는 그의 능력이나 역할을 도리에 맞게 존중하는 방식을 취한다. 여기서 진정한 권위에 관하여 생각해본다면, 누구든 자기가 가진 권위를 이용해 진리나 정의를 거스르는 일을 하는 사람은 진정한 권위를 인정받을 수 없다. 왜냐하면 진정한 권위는 인류를 위해 기여할 수 있는 능력과 덕을 가진 사람이나 집단에게 그 능력과 덕만큼 부여되어야 하는 것이기 때문이다.

## 지은이에 대하여

스피노자의 ≪신학정치론≫, ≪지성교정론≫, ≪에티카≫, ≪정치론≫ 등을 번역했음.

인간의 본성 및 자연의 진리에 대하여

지은이 황 태연
펴낸이 황 태연
펴낸곳 비홍출판사
주소 전주시 완산구 객사3길 91-3
전화 (063) 271-6670
ISBN 978-89-6926-002-4 03120

초판인쇄 2013년 12월 18일
초판발행 2013년 12월 20일

값 8,000원